Christian E. Hannig wurde 1941 in Friedland geboren. Von Hauptberuf Fluglotse und zunächst freier Mitarbeiter bei einer Tageszeitung, schrieb er 1989 sein erstes Buch.
Als Ausgleich für seinen Streßjob hat er sich viele naturverbundene Hobbys zugelegt: allgemeine Tier- und Pflanzenkunde, das Sammeln von Versteinerungen und Mineralien, Naturfotografie – und natürlich das Reisen.
Seit vielen Jahren unternimmt er im Alleingang ausgedehnte Abenteuerreisen per Rad. Von den Wüsten Afrikas bis hinauf zum Nördlichen Eismeer, von Alaska bis nach Australien hat Christian Hannig weit mehr als eine Erdumrundung im Fahrradsattel zurückgelegt.

Bei Frederking & Thaler sind von ihm erschienen:
Island – Vulkane, Eis und Einsamkeit
Mit dem Fahrrad durch Alaska
Abenteuer Mexiko
Im Land der Schotten
Polarlicht
Vom Silberfluß zum Silberberg
Unter den Schwingen des Condor

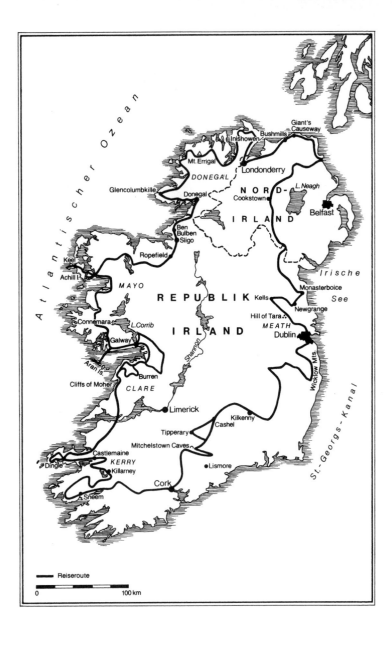

CHRISTIAN E. HANNIG

IRISCHES REISETAGEBUCH

Rad-Abenteuer auf der grünen Insel

Die Deutsche Bibliothek – CIP-Einheitsaufnahme
Ein Titeldatensatz für die Publikation ist bei
Der Deutschen Bibliothek erhältlich.

NATIONAL GEOGRAPHIC ADVENTURE PRESS
Reisen · Menschen · Abenteuer
Die Taschenbuch-Reihe von
National Geographic und Frederking & Thaler

3. Auflage März 2004
© 1994 Frederking & Thaler Verlag GmbH, München
Alle Rechte vorbehalten

Fotos und Text: Christian E. Hannig
Karte: Isolde Notz-Köhler, München
Umschlaggestaltung: Caroline Sieveking, München
Herstellung: Caroline Sieveking, München
Druck und Bindung: Clausen & Bosse, Leck
Printed in Germany

ISBN 3-89405-070-5
www.frederking-thaler.de

Das Papier wurde aus chlorfrei gebleichtem Zellstoff hergestellt.

Inhalt

Sprung in die Geschichte	7
Wenn eine Grenze durch den Kopf geht	12
Natur im Überfluß	21
»Good luck Donegal!«	33
Menschen und Musik	38
Bilder – bunt, grau und gestrig	49
Stille Berge, steinige Inseln	57
Alte Pubs und ein graues Haus	72
Vom Shannon zum Slea Head	82
Beim Dichter Dan	89
Wasser von allen Seiten	99
Rückweg mit Umwegen	108
Die letzten Etappen	126
Dublin	134
Ein notwendiges Nachwort	144

Infos

Irland verstehen – Der Schatten der Geschichte   146
Auf Irlands Straßen   150
Vom irischen Wetter   153
Gut gerüstet!   154
Das liebe Geld   155
Von Pubs, Kreuzen und Kirchen   156
Das Wichtigste zum Schluß – die Menschen   157

Quellennachweis	158

*Dieses Buch ist gedacht als ein Kompliment
an das Land und seine Menschen.*

Sprung in die Geschichte

Der Pilot hatte uns etwas Regen, später blauen Himmel versprochen. Doch als die Maschine zur Landung einschwebt, rückt die Hoffnung auf Sonne in weite Ferne. Über dem Land hängt eine Wolkendecke, halb Tag, halb Nacht. Nasses Grün verrät den letzten Regenguß: die erste Seite eines irischen Reisebilderbuches.

Gepäckempfang, der übliche Radcheck, der Weg durch den Zoll. Ein Spalier neugieriger Gesichter. Das Schild WAY OUT weist mir den Weg ins Land. Es gibt kompliziertere Flughäfen als den Dublins.

NO PEDAL-CYCLES, PEDESTRIANS, ANIMALS! Die Schrift auf dem blauen Blech wirkt drohend wie der Himmel. So ganz ohne Verbote scheint die öffentliche Ordnung auch hier nicht zu funktionieren. So vom »Highway Nummer 1« verscheucht, nehme ich ein Nebensträßchen unter die Räder. Es führt hinüber nach *St. Margaret's.* Das klingt – wie der Name des Flugzeugs, St. Marcatan – etwas fromm und damit schon recht irisch. Der Stadt Dublin weiche ich vorerst aus. Ihr Besuch eilt nicht. Eher Überflüssiges kann warten.

Neues macht neugierig, weitet die Sinne. Ich *sehe*, ich *rieche* das Land. Bäume im Würgegriff des Efeus, wollschwere Schafe, die eine Schur nötig haben, Krähenschwärme, so dicht, daß sie den Himmel schwärzen. Der Wind weht mir einen Schwall herben Blütendufts zu. Die Kerosinfahne einer landenden Air-Lingus-Maschine vermischt sich mit dem Geruch frischen Kuhdungs. Lerchen trällern gegen den Düsenlärm an. Doch die Sonne locken sie mit ihrem Gesang nicht hervor. Ich muß zum ersten Mal in den Regenanzug. Noch immer radle ich am Flughafenzaun entlang – und schon soviel Irland!

Das erste Pub, »The Boot Inn«. Wie viele Stiefelpaare mögen seinen Fußboden schon blankgetreten haben? Seit über 300 Jahren, so sagt ein Schild, wird hier ausgeschenkt: 300 Jahre Guinness, 300 Jahre Bushmills, der Whiskey aus dem gleichnamigen Ort im Norden. Die landenden und startenden Maschinen im Hintergrund wirken in dieser Umgebung wie Wesen aus einer anderen Welt. Ein Mann grüßt mich mit jenem Zucken zwischen Mundwinkel und Ohr, das richtig zu deuten jeder Irlandreisende erst lernen muß. Im Verlauf dieser Tour sollte ich noch so manche Höflichkeitsvariante kennenlernen. Bei einem Blick zurück sehe ich, daß über den *Wicklow Mountains* im Süden schweres Wetter brodelt. Hoffentlich hält der Wind es mir vom Leib!

Schneller als gedacht gerate ich in die Spuren der Vergangenheit. *Hill of Tara:* Hier lag einst das religiöse und kulturelle Zentrum Irlands. Diese Stätte ist quasi die erste Seite seines Geschichtsbuches. Noch heute nennen die Iren die Landschaft um Tara *Meath*. Das bedeutet »Mitte« und drückt damit die geschichtliche Bedeutung der Gegend aus. Doch die grünen Hügel – viel mehr ist nicht zu sehen – überfordern meine Phantasie. Ob hier zur Zeit König Cormac MacAirts wirklich »hohe Festhallen« und »prächtige, mit Edelsteinen besetzte Tore« standen?

Ich schlittere in einen alten Wallgraben und mache die unsanfte Erfahrung, daß nasses Gras rutschig wie Schmierseife ist. Ernüchtert trolle ich mich. Mag das Herz der Iren beim Gedanken an Tara höher schlagen!

Meine ersten Etappen sind historische Meilen: das alte *Kells* mit seinem Rundturm, dem Kloster und den Hochkreuzen; das über den Ufern des Flusses *Boyne* gelegene Megalithgrab *Newgrange; Mellifort Abbey* und *Monasterboice,* Ruinen, in denen sich das Geschick des Landes widerspiegelt.

Sinnend stehe ich in Kells vor dem »Market Cross«; für die irischen Freiheitskämpfer hatte man dieses Kreuz einst als Galgen mißbraucht. Beißender Kohlerauch zieht mir in die Nase: Kells' Gegenwart. Städte kann man nicht mit Torf heizen, da wäre es um Irlands Moore bald geschehen. Und Öl? Das wird noch ein paar Jahre dauern. So riecht man die Rückständigkeit des Landes.

Das Sträßchen über *Kilberry* bringt mich der Realität noch näher: Die häufigsten Schilder am Wegrand lauten FOR SALE – ZU VERKAUFEN. Doch in dieser Gegend? Makler und Besitzer werden da wohl lange auf Interessenten warten können. Traktorreifen als Befestigung auf einem einsturzgefährdeten Dach; Fenster, die die Bescheidenheit derer verraten, die hinter ihnen woh-

Im »Boot Inn« wird seit 300 Jahren ausgeschenkt

nen; zwei barfüßige Kinder – noch haben wir April! *Dieses* Irland ist nicht das der Golfspieler und der Yachtbesitzer.

»Newgrange to close after 5 000 years!« »OPW needs control!« »Democracy?« »Disneygrange opening soon!« – Newgrange nach 5 000 Jahren dichtmachen, statt dessen ein Disneyland eröffnen? Und irgendwer benötigte da wohl die Kontrolle durchs Volk? Bei soviel Protest, an Bäume und Zäune genagelt, lohnt vielleicht das Fragen. Ein Bauer klärt mich auf: Es geht um die touristische Entwicklung der Gegend. Das »Office for Public Work« – das Amt für Öffentlichkeitsarbeit – hatte dabei allzu selbstherrlich entschieden. Das sollte man mit Iren nicht machen! Aus der Antwort wird ein Gespräch. Der Mann war in Heidelberg gewesen. Er kennt eine Frau aus dem Nachbardorf, die mit einem Deutschen verheiratet ist, der früher zur See fuhr, jetzt baue er das Haus aus... Am Ende erfahre ich, daß der Wind umspringen wird. Wenn alle Iren so gesprächig sein sollten, werde ich meinen Urlaub verlängern müssen.

Nach dreimal fragen, drei Gesprächen, stehe ich vor *Newgrange*. Das Megalithgrab war den Umweg wert. Nicht nur seine Größe – es mißt über 70 Meter im Durchmesser – imponiert, sondern auch die Konstruktion der Grabkammern und die mächtigen verzierten Randsteine. Wer sich durch den engen Gang bis ins Zentrum des Hügels zwängt, betritt einen Bestattungsraum, in den nur zur Zeit der Wintersonnenwende ein paar Lichtstrahlen fallen. Die Steinzeitmenschen hatten den Zugang so angelegt, daß in der übrigen Zeit des Jahres im Innern der Grabstätte Dunkel herrschte.

Der Weg zur *Mellifort Abbey* erweist sich als noch verschlungener. Auch hier muß ich nach dem Weg fragen. Der Mann, den ich anspreche, vergißt sofort seine Gartenarbeit. Er begleitet mich bis zur nächsten Kurve. »Sehen Sie die Bäume dort oben am Hang? Da verläuft die Straße. Sie müssen zuerst hinunter ins Tal, dann über die Brücke, dann...« Auch dieser Ire kennt einen Deutschen, weiß von einem »Hitler-Flugzeug«, das während des Krieges in den Wicklow Mountains zerschellte, weiß um unsere militärische Geschichte. Gut, daß ich ein Argument zur Hand habe, das ihn innehalten läßt. »Jahrgang 1942«, sage ich dem

Newgrange – Eingang zu 5 000 Jahren Geschichte

Mann, »da kann ich überhaupt nicht mitreden. Mein Wissen um den Krieg stammt aus Geschichtsbüchern.« Er akzeptiert das.

Wie unzählige andere irische Kirchen, so ist auch Mellifort Abbey eine Ruine. Säulenreste und gotische Bögen klagen zum Himmel. Der graue Stein scheint symbolisch für die düstere Vergangenheit. Wie ein roter Faden sollten mich diese Zeichen der Zerstörung durch das ganze Land begleiten.

Monasterboice – die nächste Suchfahrt. Wieder Einblick in die Geschichte: Ein Zeugnis des Glaubens, mehr als tausend Jahre umfassend, wurde hier in Trümmer gelegt. Nur der Rundturm und einige keltische Kreuze haben überlebt, darunter das »Muireadach Cross«, Endglied einer Entwicklung religiöser Kunst.

Inzwischen regnet es so stark, daß ich beim Fotografieren eine Blende zulegen muß. Vorerst reicht es mir mit Kultur. Ganz Irland gleicht einem Freilichtmuseum, aber einen solchen Kultur-Marathon könnte ich nicht durchhalten. Irland soll für mich mehr sein. So gehe ich auf Strecke.

Der vorausgesagte Windsprung ist eingetreten. Jetzt weht er unangenehm kalt aus Norden. Doch er hat die Sonne im Schlepp.

Das Grün des Landes wird noch grüner, die Lerchen singen noch lauter, der Ginster duftet noch herber.

Zwei Jugendherbergen hatte ich passiert. Die erste war inzwischen etwas Privates, an der zweiten hing ein Schild FOR SALE. Meine Karte lügt also, Auflage 1992–93 besagt da wohl wenig. Ein Angler, den ich befrage, weiß es besser: »Ja, vor drei Jahren, da waren das noch Jugendherbergen ...« So entschließe ich mich notgedrungen fürs Zelten. Ein dörflicher Fußballplatz erscheint mir dafür geradezu ideal, auch wenn es die Einheimischen als Okkupation auslegen sollten. Doch hätte ich nicht genug Ausreden? Das Gras auf den Wiesen stand kniehoch, das wollte ich nicht niedertreten. Dort, wo es kurz war und ich Schafe vermutet hatte, traf ich auf Bullen. Dann diese Hecken: mannshoch, kilometerlang – und wo die Hecken endeten, begannen Mauern. Doch die Argumente kann ich mir sparen – niemand nimmt Notiz von dem seltsamen Besucher.

Heute ist Sonntag. Man hört es. Sonntage sind in Irland noch Ruhetage, so wie es die Bibel vorschreibt. Keine Arbeit erscheint so wichtig, als daß man sie nicht auf Montag verschieben könnte. Man steht später auf, geht langsamer, fährt bedächtiger; ja selbst die Hunde geben sich träge, bellen beim Anblick des Radlers nicht. Eine Frau, die sich am Fenster stehend die Haare fönt, lächelt mir ein »Good morning!« zu. Es ist elf. Vom Kirchturm klingt kläglich die Uhr. Sie schlägt erst halb, irrt um eine halbe Stunde. Diese schläfrige Ruhe wirkt ansteckend.

Wenn eine Grenze durch den Kopf geht

Ich habe den »Highway Nummer 2« gefunden, schwenke wieder nach Norden. Diese Straße führt direkt zur Grenze. Das Wort hat hierzulande eine tiefe Bedeutung. Sie trennt nicht nur Menschen nach ihren Konfessionen, sondern Gute von Bösen, Besitzer von Besatzern, Recht von Unrecht. So jedenfalls sehen es viele. Ich will mich an dieser politischen Diskussion nicht beteiligen, möglichst wenig mit dem irischen Problem konfrontiert werden. Deshalb mache ich um Belfast, dessen Name an Bomben erinnert, einen weiten Bogen. Westlich des *Lough Neagh* werde ich mich wohler fühlen. Doch leider kann man Nordirland nicht durchqueren, ohne von dem Konflikt berührt zu werden.

Grenzgebiete sind grau, das gilt auch hier. Eine Tankstelle bietet, um Kunden anzulocken, das Benzin zu Dumpingpreisen an. Die FOR-SALE-Schilder häufen sich, manche Häuser stehen einfach verlassen da. Wer sollte sich für Objekte in einer solchen Lage schon interessieren, es hinnehmen, mit dem Rücken zum vielleicht Andersdenkenden zu wohnen?

Der Checkpoint. Ich habe etwas gegen Gewehre, erst recht, wenn ich in ihre Mündung blicke. Paßkontrolle! Mein Geburtsort, Friedland, sorgt für Trouble. Der britische Soldat will wissen, wo dieses »Land« liegt. Ich kläre ihn auf, daß Friedland kein Land, sondern eine Stadt ist.

»Wo?«

»Jetzt in Tschechien, früher in Deutschland!«

Das Tschechien macht ihn mißtrauisch: »Warum dann ein deutscher Paß?«

So zum Problemfall geworden, werde ich aussortiert. Die anderen schauen mich an, als sei ich IRA-verdächtig. Irgendein höherer Rang löst das geographische Rätsel, reicht mir meinen Paß zurück. Da meine Kameraausrüstung so provozierend sichtbar ist, erteilt er mir Fotografierverbot und winkt mich durch. Aus dem einen Irland kommend, bin ich im anderen!

Ich sehe die veränderte Stimmung, höre und fühle sie. Die Hekken sind seit Jahren nicht mehr geschnitten worden, es fehlen die bunten Gärten. Beim ersten Lebensmittelkauf habe ich die Münzen noch nicht getrennt, ein paar republikanische geraten aus Versehen mit auf den Tresen. Die Frau wischt sie zur Seite: »Wir akzeptieren nur englisches Geld!« Ich nicke. Die Sprache, obwohl die gleiche, scheint mir anders zu klingen. Nordirland ist aus meteorologischer Sicht trockener als der Rest der Insel. Aber diese Klimazone zeigt sich wohl auch im Menschlichen.

Ich fahre durch *Keady*. Der Milchmann hat gerade die Milch ausgeliefert. Weiß glänzen die Flaschen vor den Türen. Als ich ein Foto mache, werde ich angesprochen. Der Mann versteht mein

Motiv nicht; dafür versucht er mich in eine politische Diskussion zu verwickeln: »Woher kommen Sie? Was halten Sie von…?«

Ich habe noch genug von der militärischen Begrüßung, die erst wenige Kilometer zurückliegt. Außerdem erinnern hier überall Handzettel an Bäumen und Telegrafenmasten an das Erbe der Geschichte: »CHRIST SUFFERED – CHRISTUS LITT« »GOD WILL JUDGE YOU! – GOTT WIRD EUCH RICHTEN!« Wer Wind sät, heißt ein Sprichwort, wird Sturm ernten. Wo Gewalt, da wächst Terror, könnte man mit Blick auf Nordirland sagen. Ich beende die Diskussion mit der Bemerkung, daß es doch nur *einen* Gott gibt.

Auf der Fahrt nach Norden zählen für mich Kilometer, aber es lohnt sich, nicht nur in die Ferne zu blicken. Am Ortseingang von *Armagh* liegt mir das Interessante buchstäblich zu Füßen. Die Straße glitzert! Ich halte, beginne zu sammeln. Schließlich zähle ich sechsundzwanzig Geldstücke: vierundzwanzigmal Queen Elizabeth, zweimal King George. Wie kommt eine solche Münzsammlung auf den Asphalt? Es gibt Souvenirs, die sind originell, dieser »Fund von Armagh« gehört dazu. Aus einer Fish-and-Chips-Bude leuchtet mir ein Lächeln entgegen – roter als Emil Noldes Mohnblüten. Ich lächle zurück. Wenn die Frau wüßte!

Cookstown. Die Stadt gleicht einer Festung: Sandbarrieren, Uniformen, Schnellfeuergewehre, allein in der Hauptstraße auf einen Kilometer drei Absperrungen. Ein Passant klärt mich auf: »Heute morgen um sieben Uhr wurde hier ein britischer Soldat erschossen.« Der Mann fügt erbost hinzu: »*Die* zerstören unser Land, *unser* Land!« Cookstown zeigt, wo es steht. Aus den Fenstern der Häuser weht der Union Jack. Jetzt kreisen über der Stadt Hubschrauber. Auch wenn die IRA heute nur noch auf Uniformen zielt und man als Zivilist vor ihren Kugeln recht sicher ist, fühle ich mich hier nicht wohl. Ich hatte Belfast gemieden und war vom Regen in die Traufe geraten. Die nächsten Orte: *Moneymore, Magherafelt, Portglenore:* nur weg von Cookstown!

In der Abenddämmerung suche ich mir ein Plätzchen für mein Zelt. Ich finde es bei einem blühenden Ginstergebüsch. Insekten summen, Vögel verabschieden laut singend den Tag. Auch Nordirland kann schön sein!

Auf meinem Tourenplan stehen die *Antrim Mountains*. Man mag darüber streiten, welches ihrer Bergtäler das schönste ist. Ich habe mich für das *Glenariff*-Tal entschieden. In langen Geraden läuft die Straße hinauf in die Region der Hochmoore. Das ist ein völlig anderes Irland, als ich es bisher kennengelernt habe – weit, still, einsam. Um diese Jahreszeit zeigt die Natur noch die Farben des Winters: torfiges Braun, mattes Beige. Auf der Luvseite der Berge hat sich ein Seenebelfeld verheddert. Nadelbäume kämmen das Naß aus der aufliegenden Wolke. Der Wasserfall links der Straße scheint direkt aus dem Himmel zu kommen. Immer schneller rollt das Rad, jetzt vorbei an gelb-blauen Bändern. Es ist die Zeit der Bergprimel und der Hyazinthenblüte. Schade, daß dieses Irland so klein, diese Straße so kurz ist! Schon bin ich an der Küste.

An der See empfängt mich die Sonne. Schottland liegt zum Greifen nahe, doch es bleibt im Dunst verborgen. Nicht einmal *Rathin Island* ist auszumachen. Wie war doch die Geschichte mit der Spinne? Robert Bruce, der sich nach verlorener Schlacht gegen die Engländer auf diese Insel zurückgezogen hatte, lernte dort von einer Spinne die Geduld für einen neuen – dann siegreichen – Kampf. Das Tier wob das von ihm zerstörte Netz immer wieder neu. Es wird wohl noch mehr solcher Episoden an der Antrimküste geben.

Es war ein Fehler gewesen, mich für die »Scenic route« zu entscheiden. Das Auf und Ab ist teuflisch. Die Steigungen erreichen bestimmt zwanzig Prozent, was mit einem bepackten Rad kaum schiebend zu schaffen ist. Später sagt mir eine Frau: »Wenn Sie über diese Strecke gekommen sind, dann werden Sie auch den Rest Irlands packen!«

Erst bei *Ballycastle* kann ich aufatmen. Die strapazierten Muskeln beruhigen sich wieder.

Es gibt Städte, nordirische wie republikanische, die Flechten gleichen. Sie sterben an einem Ende ab, wachsen an einem anderen weiter. Manchmal liegt der absterbende Teil sogar mitten im Zentrum. Auch Ballycastle gehört zu diesen steinernen Flechten. Seine Vergangenheit stirbt, seine Zukunft sprießt zögernd. Dabei hatte ich ein wohlhabendes Seebad erwartet.

Wiesen wie Golfplätze

So typisch irisch wie die Städte ist inzwischen auch die Natur. Blühende Ginsterhecken teilen die Landschaft in gelbgesäumte Rechtecke. Die Wiesen gleichen gepflegten Golfplätzen. Schafe dulden keine unterschiedlich langen Grashalme! Mehrfach gerate ich in vierbeinige Verkehrshindernisse. Wechselt eine Herde die Weide, dann läuft nichts mehr! Die wogende, blökende Masse ist eine perfekte Straßensperre.

Eine so beschauliche Natur – und dann schreit es in schwarzer Schrift plötzlich von einer Wand: »ULSTER SAYS NO!« – Ulster (Nordirland) sagt nein. Wer so die Beibehaltung der Teilung Irlands propagiert, möchte nicht die Aussöhnung. Schon hat mich die Grenze in den Köpfen wieder eingeholt.

An diesem Abend nutze ich zum ersten Mal ein »Bed-and-Breakfast«-Angebot. Die Unterkunft ist sehr sauber, die Dame sehr höflich, die Atmosphäre sehr unpersönlich. Es gibt Probleme mit dem Geld. Meine Scheine sind brandneu, fast zu sauber, zu glatt, um echt zu sein. Ich zeige der Frau zum Vergleich eine deutsche Banknote und verweise auf den analogen Sicherheitsfaden. Meine Argumentation überzeugt sie. Sie kommentiert die neuen englischen Scheine: »Wie soll man alles Geld kennen, wo doch jede unserer Banken ihr eigenes druckt?« *Das* wiederum ist für mich neu!

Für Naturfans gibt es ein Muß in Nordirland – den *Giant's Causeway* – Damm des Riesen. Weil ich den kürzesten Weg wählen möchte, komme ich irgendwann zwischen den Wiesen nicht mehr weiter. Selbst an der Hauptstraße hatte es an einem Hinweisschild gefehlt. »Wir mögen nicht so viele Schilder!« erklärt mir ein Bauer diese Sparsamkeit. Dann beschreibt er mir, wobei er mich am Arm festhält, den Weg: »Ein weißes Haus, eine Kirche, noch eine Kirche … links … rechts …« Ich soll wohl die ganze Gemarkung kennenlernen. Als wollte er mir den Weg einprägen, drückt er nach jeder Richtungsangabe meinen Arm.

Mir hilft nach halber Strecke nur erneutes Fragen. Der Autofahrer, den ich mit Handzeichen stoppe, denkt gar nicht daran, mir gleich zu antworten. Er fragt, aus welchem Teil der Erde ich komme, und schon beginnt ein neues Gespräch. Er hatte einmal das Münchener Oktoberfest erlebt, berichtet von einer Fastverlobung mit einer Deutschen und von seinen Reisen. »Es ist gut, die Probleme der anderen zu sehen«, spricht er versteckt das irische an. »Aber da ich nun mal hier geboren bin, möchte ich nur hier leben. Nowhere else!« kommt es patriotisch aus seinem Mund.

Ich möchte weiter und versuche den Redehahn zuzudrehen: »Können Sie mir auch sagen, wie ich …?« Eine halbe Stunde später bin ich am Ziel.

Wie schön! Jetzt, im April, liegt *die* Attraktion Nordirlands verlassen da: keine Touristenschwärme, kein Gedränge. Lediglich eine Schulklasse hockt auf den Felsen. Der Lehrer erteilt Geologieunterricht: »This happened prior to your grandmother's life …« Damit meint er den Lavastrom, der hier vor Millionen Jahren in der See erstarrte. Unwillkürlich muß ich bei dem Großmutter-Zeitvergleich lachen.

Was Menschen nicht verstehen, interpretieren sie. So ist es kein Wunder, daß man das straßenähnliche Lavagebilde früher als das Werk von Riesen ansah. Wer anders konnte ein so mächtiges Steinpflaster verlegen?

Von Riesen erbaut – der Giant's Causeway

In Sachen Natur unersättlich, begnüge ich mich nicht mit dieser Naturschöpfung, hatte der Magmastrom an der Steilküste doch noch weitere Monumente errichtet. Ich muß nur ein Stückchen abseits gehen, und schon stehe ich vor himmelwärts aufstrebenden Basaltsäulen, wie es sie in dieser Formvollendung und in diesen Dimensionen wohl nur noch auf Island gibt. Beim Anblick solcher »Bauwerke« werde ich unwillkürlich selbst zum Schüler.

Wieder auf der Straße, lasse ich mich von einem Schild verführen. In dem Ort *Bushmills* gibt es eine andere Superlative – die älteste Whiskeybrennerei der Welt. Dreihundert Jahre Tradition lassen sich dort besichtigen. Erneut kann ich etwas lernen: Man nehme gemälzte Gerste, Hefe und Wasser – maische und schöpfe die Würze ab, lasse gären und destilliere. Das Ergebnis heißt Whiskey. Natürlich ist das noch kein echter »Bushmills« oder gar der legendäre »Malt«. Aber immerhin! Die Führung endet im Heiligtum, jenen Hallen, in denen, wie der Fachmann sagt, sich das Destillatgemisch »vermählt«. So mancher Besucher wird beim Anblick der Eichenfässer schon feuchte Mundwinkel wie Hun-

Bushmills – die älteste Whiskeybrennerei der Welt

delefzen bekommen haben. Vor der Abfüllhalle sonnen sich die blaubekittelten Arbeiterinnen. Ob man hier keine Männer ans Fließband läßt? Die Frauen nennen ihre Pause lächelnd »Teabreak«. Sicher sind sie alle abstinent.

Der nächste Stopp ist vorprogrammiert: *Dunluce Castle.* Die Burg, die der mächtige McDonnell hier vor 400 Jahren über den Klippen errichten ließ, ist heute Irlands Vorzeigeburg schlechthin. Wie viele Bildbände von der Insel mag sie zieren? Nur den Sonnenuntergang warte ich nicht ab; die Ruine ist auch bei normalem Licht fotogen.

Ein Stückchen weiter fallen mir Blumenkränze und ein kleines Schild auf. Sein Text besagt, daß am 28. 9. 1992 hier an dieser Steilküste ein gewisser Samuel Linton zum letzten Mal gesehen wurde. Küsten wie diese provozieren Abstürze. Auch die Küche von Dunluce Castle soll, samt Koch und Mägden, in der See liegen – so geschehen im Jahre 1639. Noch ein Blick aufs Meer – besser in die Tiefe –, dann gehe ich weiter auf Westkurs.

Coleraine. Die Stadt ist wieder eine jener »Flechten«: Totes und Lebendiges als Nachbarn. Jetzt kommt die Zielgerade. An

19

ihrem Ende liegt *Londonderry*, von der Geschichte gebeutelt, buchstäblich verschenkt. 1604 wurde die Stadt Derry mitsamt der Grafschaft tatsächlich der Stadt London geschenkt – die Geburtsstunde von Nordirland!

Nordirland wird nun wieder trüb, trüb im Sinne des Wortes. Der Ort, durch den ich eben gefahren bin, hieß *Gresteel*. Mir war, als stünde diese Endsilbe für das Grau der Häuser, für das Grau der Straßen, für den Himmel. Denn stahlfarben war hier alles. So beißend lag der Kohlerauch in der Luft, daß mir die Augen tränten. Er stammte nicht einmal aus Fabrikschloten, sondern nur aus den Schornsteinen der Wohnhäuser. Die Kamine der Fabriken qualmen weiter westlich, dort, wo sich die Sonne jetzt im Industrierauch aufzulösen scheint. Über dem Industriegebiet geht sie nicht unter – sie zerfällt. Ihr Gold mischt sich als schwefliger Gelbton ins Himmelsgrau.

Auf der Brücke über den *Foyle* verlieren Kohletransporter Teile ihrer Ladung. Auch an den Verkehrsampeln liegen Anthrazithäufchen – abgeworfen beim Bremsen, beim Anfahren. Durch den kalten Nordwind pendelt die Temperatur um die 10° C. Da benötigt eine Stadt wie *Derry* tonnenweise Wärmekalorien. Vier Zimmer, vier Schornsteine – zehn Zimmer, zehn Schornsteine. Die Dächer sind gespickt mit Rauchabzügen. Auch hier tränen mir wieder die Augen. Ich halte an, fasse den ersten Eindruck in einer kurzen Tagebuchnotiz zusammen: »Londonderry stinkt!«

Die Sonne am nächsten Morgen vermag den gestrigen Eindruck nicht zu verwischen. Trotzdem versuche ich einen Stadtrundgang. Reiseführer mühen sich arg, wenn sie über *Londonderry* berichten. Drei Straßenzüge – und ich habe meine Eindrücke! Das letzte »ten pennies, please« klang so erbärmlich, daß ich – an der bettelnden Frau bereits vorbei – kehrtmache und ihr zwanzig Pence in die Hand drücke. Ein wäßriges Augenpaar schaut mich erstaunt an, ein Mund öffnet sich Speichelfäden ziehend zum Dank: »God bless you!« Ich wünsche den Segen eher der Frau, die sicher unter einem anderen Aspekt geboren wurde, als hier in der *Plump Street* die Hand aufzuhalten.

Am Markt holt mich die politische Gegenwart ein. Farbbeutel-
werfer hatten auf das Straßenschild VICTORIA MARKET gezielt
– und getroffen. Solche Würfe gelten der Geschichte. Ich mag
nicht mehr! Das Irland, das ich suche, muß jenseits der menschlichen und militärischen Barrieren liegen.

Noch einmal Uniformen, Gewehre, Sperren – dann ein Schild:
»We apologize for any inconvenience caused – Wir entschuldigen uns für etwaige Unannehmlichkeiten!« Ich entschuldige gar
nichts! In der Stadt, die ich gerade verließ, hatten britische Fall-
schirmjäger am 30. Januar 1972 unbewaffnete Demonstranten
erschossen, Katholiken, die gegen ihre Diskriminierung prote-
stierten. Es gibt Hypotheken, die lassen sich nicht tilgen!

Ein zweites Schild: »Welcome to Donegal!« Nun fühle ich
mich wohler. Zwar atmet man hier auf der Halbinsel *Inishowen*
die gleiche Luft wie in Ulster, aber irgendeine Klimaveränderung
ist zu spüren.

Natur im Überfluß

Irlandfans zergeht der Name »Donegal« auf der Zunge. Er steht
für Weite, für Stille, für ein selten gewordenes Naturerlebnis. Ich
habe die Straße hinauf zur Spitze der Landzunge – zum »Head«
– fast für mich allein. Später, Richtung *Carndonagh,* wird sie
noch leerer. Obwohl es nun in die Berge geht und die Muskeln
gefordert werden, beginne ich die Natur zu genießen. Ulster und
die Politik sind weit weg.

Man braucht das »St.-Patrick-Kreuz« nicht unbedingt gesehen
zu haben; hierzulande ist es nur eines von vielen. Da es aber fast
auf meiner Route gelegen ist, gönne ich mir das Stückchen Kunst-
geschichte.

Wieder einmal hilft nur fragen. Der Mann, den ich auf dem
Marktplatz von Carndonagh anspreche, reicht mir spontan die
Hand: »Großartig, daß Sie Irland per Rad machen! Das muß
doch ein ganz spezielles Gefühl sein.« Dann packt er mich am
Arm: »Ich zeige Ihnen den Weg!« Wie ein Schaf zieht er mich nun
hinter sich her, und so redet er mir auch zu: »Come! Come on …

come!« Zum Schluß richtet er mich aus, als sei ich eigener Bewegungen unfähig: »Dort!« Er deutet die Straße entlang, die in der Ferne eine Kurve macht. Lächelnd bedanke ich mich für diese handgreifliche Unterweisung.

Man muß sich in so ein Stück Stein hineindenken. *Vor* dem St.-Patrick-Kreuz war die Stele, *nach* ihm entwickelte sich die sakrale Kunst zur Perfektion von Form und Ornamentik. Gut, daß ich das reichverzierte Muireadach Cross in Monasterboice gesehen habe, da fällt mir der gedankliche Vergleich leichter.

Nun leiste ich mir den Luxus eines Umweges. Im Westen Inshowens liegt das *Gap of Mamore*, eine Paßhöhe, die man als Naturfan nicht auslassen sollte. Je mehr ich mich den *Urris Hills* nähere, desto bilderbuchhafter wird das Land: torfbraune, ginstergesäumte Berge, seewärts gerichtete tischebene, sattgrüne Weiden. Die verstreut liegenden Häuser sind eher Hütten. An der *Pollan Bay* hat der Wind Wunden in die Dünen gerissen. Jetzt treibt er tiefhängende Wolken vor sich her. Als ich sehe, wie diese die Berge einwickeln, ahne ich bereits die Unannehmlichkeiten, die in der Höhe auf mich warten. Extravaganzen sind eben nicht einfach so zu haben.

Ein halbes Dutzend Dörfer hatte ich in den letzten Stunden passiert, die meisten Kleinstsiedlungen. Ein Wunder, daß sie überhaupt in den Karten verzeichnet sind. In jedem wurde ich gegrüßt – von jedem, der mir begegnete: von Kindern und Frauen, von Farmern auf ihren Traktoren, von Autofahrern hinterm Steuer. Gleiches war mir noch nie passiert. Zwischen Cardonagh und Dunaff lernte ich so die verschiedensten Varianten des »irischen Grußes« kennen. Da war jenes bereits erwähnte Zucken, das sich manchmal bis zum kaum wahrnehmbaren Augenzwinkern reduzierte, das nuancenreiche Nicken, dann ein Kopfdrehen, das mehr einem Wegschauen als einem Gruß glich, stummes Handheben oder nur das Ausstrecken der Finger vom Lenkrad, wobei es der Zeigefinger auch noch tat. Schließlich die ganze Palette der Grußworte und Laute vom »Hallo!« übers »He!« bis zum »Hm!« oder »Mm!«. In Carndonagh – dort hatte die Sonne geschienen – lauteten die Grußformeln noch: »Lovely day!« »Nice day!« »Beautiful day!« Nach Westen hin – was am

Am »Gap of Mamore«. Keine Sicht, nur die Mutter Gottes ist mir erschienen

immer schlechter werdenden Wetter lag – wurden die Begrüßungen immer kürzer. Jetzt, wo die Wolken fast aufliegen und ein feiner Sprühregen übers Land geht, ist davon nur noch jenes Mm! übriggeblieben. Doch nach wie vor ist es ein Gruß, eine kleine Aufmerksamkeit dem Fremden gegenüber. Ich amüsiere mich köstlich.

Die Straße, kaum noch breiter als ein Feldweg, führt bergan. Oben, unsichtbar im Regenhimmel verborgen, liegt der Paß. Mit jedem Höhenmeter wird es nasser und kälter – Wetterfallen schnappen zu wie Mausefallen. Eine Marienstatue, wolkenum-

23

hüllt zwischen den Felsen, wirkt wie eine Erscheinung. Der Glaube der Menschen hat sie fast in den Himmel gesetzt.

Das letzte Stück muß ich um meinen Regenanzug bangen. Der Wind, von den Bergwänden eingeklemmt, faucht durch die Marmorspalte. Mit ein bißchen Phantasie hörte man ihn »Venturiii« heulen. Er bläst mich hinüber auf die andere Seite und versetzt mir noch einen Stoß in den Rücken – für die Abfahrt.

Nichts hatte ich von oben gesehen, keine Bay, kein *Malin Head*, nicht einmal den Marmor, den es dort oben geben soll. Nur die Mutter Gottes war mir erschienen.

An der Südflanke der Berge riecht es nach Föhn; da keimt die Hoffnung auf Sonne. Und schon durchdringt ihr Licht die Wolken. Radfahren macht wieder Spaß!

Die erste richtig mit Stroh gedeckte Hütte. Bisher hatte ich nur Erneuertes und Nachgebautes gesehen. Dieses Cottage hier ist alt, sehr alt, bereits im Begriff, wieder ein Stück Natur zu werden. Wie mag es sich darin wohnen? Sicherlich nicht so romantisch, wie das Bild auf mich wirkt. Über dem Dach verweht blaugrauer Rauch. Stünde der Wind günstig, könnte ich das Torffeuer, das im Kamin brennt, riechen.

Die Landschaft weitet sich. Hochmoore, noch winterdürr, in tieferen Lagen Weiden im frischen Grün. Nach langem Schweigen der erste Ort: *Buncrana*. Für hiesige Verhältnisse bereits eine Stadt.

Reiseführerschreiber scheinen die Welt manchmal mit anderen Augen als denen der Realität zu sehen. Nur so ist mir verständlich, daß man Buncrana sympathisch finden kann oder in die graue Wirklichkeit gar einen Hauch Blackpool (das ist immerhin Englands berühmtestes Seebad) hineinzuinterpretieren vermag. Ich durchradle die Stadt, schaue mich um und in die Ecken und taufe sie am Ende nach dem gleichnamigen Song »Old dirty Town«!

Es folgt *Fahan*. Dort erfahre ich, daß die Fährverbindung über den *Lough Swilly* eingestellt ist. Der mir damit verordnete Umweg wirft mich aus meinem Routenplan. Trost kommt von einem »B & B«-Angebot. Da brauche ich mein Zelt nicht im Seenebel aufzustellen und es morgen früh auch nicht naß einzupacken.

»Bed and Breakfast« – das sollte ich im Verlauf dieser Reise noch lernen – ist hierzulande ebenso variantenreich wie das Grüßen. Dieses Mal ist es ein Volltreffer. Mrs. Kavanagh hatte noch nie ein so beladenes Rad gesehen, und das bringt mir die ersten Sympathien ein. Zur Begrüßung gibt es dann auch nicht nur die obligatorische »cup of tea« mit den manchmal so provozierend ordentlich dekorierten »biscuits«, sondern eine ganze Kanne Tee und dazu sechs (!) Butterstullen, ergänzt durch vier Scheiben Rosinenbrot. Ich muß wohl einen ziemlich unterernährten Eindruck machen. »B & B« bei den Kavanaghs – das bedeutet auch noch Familienanschluß. So endet der Tag nach langem Ausfragen mit gemeinsamer TV-Stunde. Das letzte, was ich mitbekomme: In Belfast ist eine Bombe explodiert; es hat fünf Verletzte gegeben. Ich gehe mit dem Gedanken zu Bett, daß diese Bombe ohne den »Blutigen Sonntag« von Londonderry, wie die Iren jenen denkwürdigen 30. Januar nennen, nicht gezündet worden wäre.

Am nächsten Morgen. Auf dem Frühstückstisch steht ein Stilleben: Porzellan von Johnson Brothers, Marmelade in Rot und Gelb, noch gelber die Butter, ein riesiger Teller »Porridge« – salzig wie die See –, »Bacon and eggs» – ausgeufert bis über den Tellerrand. Ich frühstücke auf Vorrat, mit Blick auf Mahagoni, auf Silber, so blank, daß es sich Staub gegenüber antistatisch verhalten müßte, auf Fotografien, die Lebensabschnitte der Kavanaghs festhalten. Darunter befindet sich ein Gruppenbild – aufgenommen in Lourdes. Mrs. Kavanagh meint, Lourdes sei inzwischen zu kommerziell, Fatima habe ihr da bedeutend besser gefallen. Dort trügen die Frauen noch Kopftuch oder Hut, keine Hosen und selbstverständlich nicht kurz. »Everything alright?« sorgt sie sich nun schon zum x-ten Mal. Ich nicke: »Perfect!«

Vor dem Fenster hängt noch immer der Seenebel. Er verfängt sich in den blühenden Apfelbäumen, zaubert zusammen mit den Blüten ein impressionistisches Gemälde. Ich möchte die Beine ausstrecken und bleiben, aber die Straße ruft. Hatte meine Reise nun doch erst richtig begonnen!

Londonderry lasse ich jetzt buchstäblich links liegen. Die Straße folgt dem Lough Swilly, schlenkert um das südliche Ende der Bucht. *Letterkenny.* Wie könnte es anders sein – eine richtige »Flechten-Stadt«: etwas Tod, etwas Leben, doch letzteres überwiegt. Ich mache meine erste Bekanntschaft mit der irischen Küche, denn vom »Irish breakfast« abgesehen, gab es bisher nur Outdoor-Kost. An den Lammkotelettes gibt es nichts zu beanstanden, was sicherlich weniger am Koch als am Schaf liegt. Das Kartoffelpüree sollte wohl noch welches werden: wäßrig, klumpig, ungewürzt mutet es wie der Kochversuch eines Lehrlings an; das Gemüse ist – wie auf der Speisekarte versprochen – frisch, nämlich frisch aus der Dose. Nach diesem Restaurantbesuch rufe ich mir in Erinnerung, daß in dem Land jahrhundertelang der Hunger mit an den Tischen saß. Die Menschen hatten andere Probleme, als eine besondere Eßkultur zu entwickeln.

Obwohl ich auf der Weiterfahrt alle auf meiner Karte mit Sternchen versehenen Punkte auslasse – es sind dies die »Heads« an der Küste, wo jetzt der Nebel festhängt –, kann ich mich über Mangel an schöner Natur nicht beklagen. In langen, flammenden Reihen durchschneidet der Ginster die Moore, das dunkle Wasser der Seen leuchtet silbern im Gegenlicht, bronzefarben der Knospenbesatz der Gagelsträucher – und alles in Stille getaucht. Nicht jeder mag eine solche Landschaft. Das ist der Grund, weshalb ich sie fast für mich allein habe.

Auf einer kleinen Landzunge, am *Sheep Haven*, liegt die Ruine von *Doe Castle* – krähenbesetzt wie von Statisten für einen Film. Als ich näher komme, streichen die schwarzen Geister leider ab. Das nimmt der Aufnahme den Pfiff.

Meine Schwäche für alte Friedhöfe hat mich den der Burg entdecken lassen. Auch einige neuere Gräber befinden sich darauf. Ich lese: »Willie Kearney died march 16th 1892 aged 17 years and eight months. This dear boy was once our pleasure – soon was taken from our care he has left this world of sorrow christs.«*

---

* Willie Kearney starb am 16. März 1892 im Alter von 17 Jahren und acht Monaten. Dieser liebe Junge war einst unsere Freude – zu früh aus unserer Obhut genommen, verließ er diese Welt der sorgenvollen Christen.

Doe Castle – heute nur noch von Krähen bewohnt

Als der 17jährige Willie Kearney diese Welt der »sorgenvollen Christen« verließ, formierte sich die »Gälische Liga«, um für ein irisches Irland zu kämpfen. Grabsteine sind wie Seiten eines Geschichtsbuches.

Das Wetter zwingt mir einen weiteren »B&B«-Versuch auf. Ganz bewußt wähle ich ein Haus, dem man schon von außen seine innere Schlichtheit ansieht. Ich will lernen! Das Zimmer ist ungeheizt, weil nicht beheizbar. Der Erbauer des Hauses hatte sicher nur das Torffeuer als Wärmequelle gekannt. Die Tapete konnte das Schrumpfen der Holzwände nicht mitmachen. Das Bettzeug ist klamm, sein Blau schmerzt in den Augen. Am Fenster scheitere ich: Rahmen und Flügel sind untrennbar miteinander lackverleimt. In einem eisernen Dreibein hängt die Waschschüssel, dazu der Wasserkrug. So mag es bei uns um die Jahrhundertwende ausgesehen haben. Immerhin darf ich das Badezimmer der alten Frau mitbenutzen. Sie ist schwerhörig, gibt sich Mühe, mich zu verstehen. Ich revanchiere mich, versuche eine laute Verständigung, und so kommt etwas wie eine Unterhaltung in Gang. Weil nirgendwo ein Familienfoto zu sehen ist, frage ich sie, ob sie Kinder hat. Kinder, die vielleicht ausgewandert sind. Ihre Antwort darauf, daß das Wetter am Wochenende sicher schön sein wird, bringt kein Licht in ihre Familiengeschichte.

Am nächsten Morgen nimmt die Frau die Zehnpfundnote fast andächtig entgegen. Sie glättet den Schein zwischen den Fingern, faltet ihn zweimal und deponiert ihn in einer Blechdose im Küchenschrank. Durch solche Hände waren nie größere Summen gegangen, denke ich. Sie hatten Brenntorf getragen, Wäsche in Bottichen geknetet, Forken- und Besenstiele gehalten.

Ich hole mein Rad aus dem Schuppen, wo der Torf lagert. Als ich die Tür öffne, spritzen drei Katzen auseinander – mager vor Mäusemangel. Mein »Many thanks!« zum Abschied beantwortet die alte Frau mit »Meet again, dear!«. Vor neun Monaten wird sie ähnliches zu ihrem letzten Gast gesagt haben, denn auf dem Zimmer lag eine Zeitung vom 8. August 1992. Wenn sie Glück hat, könnte sie in einem Dreivierteljahr dieses »Schau einmal wieder vorbei, mein Lieber!« wiederholen. Jedoch nur mit viel Glück, denn die meisten Touristen übersehen diese Art von »Bed and Breakfast«. Ich dagegen hatte hier ein Stück intimes Irland kennengelernt.

Das Sträßchen, das ich auf der Weiterfahrt Richtung Süden benutze, ist ein Geheimtip. Es umrundet südlich den *Mt. Errigal* und trifft erst bei der Bergkette der *Rosses* wieder auf die fast ebenso kleine Hauptstraße. Hier hinter den Bergen hört man nur das Geräusch des Windes. Ich fahre an Häusern vorbei, in denen die Torffeuer schon lange für immer erloschen sind. Die Moore waren es, die einst das Brennmaterial für diese Feuer geliefert haben und die der Landschaft ihren Charakter geben. Das unverwechselbare Donegal!

Die Muster der Torfstecher wirken in der Landschaft wie große Runenzeichen. Jede dieser Narben in den Mooren erzählt ihre Geschichte – je älter, desto düsterer: barfuß die Kinder, die den Torf in die Weidenkörbe warfen, hohlwangig die Frauen, die

Moorseen – die dunklen Augen Donegals

diese Körbe zum Weg trugen, abgemagert das Lasttier – wenn es eines gab –, ausgezehrt die Männer. Ich bezahle meine Neugierde mit einem Schwall Moorwasser in den Schuhen.

Plötzlich stehe ich vor einem der Torfstecher, der sich, wie man es hier bereits vor Hunderten von Jahren tat, seinen Wintervorrat an Brennmaterial sticht. »Sorry...« Es gehört sich, sich für diese Art Aufdringlichkeit zu entschuldigen.

Der Mann nickt: »No problem!« Er ist erst vor kurzem aus den USA in seine Heimat Donegal zurückgekehrt, erzählt er. Amerika faßt er mit vier Worten zusammen: »I don't like it!« Immerhin dürfte er drüben gutes Geld gemacht und sich seine Altersversorgung gesichert haben. Dabei sieht er sein jetziges Dasein durchaus kritisch: »Ich verrichte hier die Arbeit eines Steinzeitmenschen«, kommentiert er das Torfstechen. Das einzig Moderne daran sei sein Spaten. Es handele sich nicht mehr um einen alten »slane« mit »wing«, den alten irischen Torfspaten mit seitlich abgewinkeltem »Flügel«, sondern um einen gewöhnlichen Spaten. Er erklärt mir seine »Steinzeitarbeit«: zehn Zoll tief, fünf Zoll dick, das ist ein Stich. Auf knapp 200 Yard Länge kann er

Die Arbeit eines Steinzeitmenschen

das Moor nutzen; es ist ein gutes Stück. Der Torf steht fast sechs Fuß hoch.

In Gedanken multipliziere ich die Werte. Einmal die Reihe durch und sechsmal in die Tiefe, das macht weit über 5 000 Stiche. Bleibt die Breite des Moores. Wie oft paßt da wohl der Spaten nebeneinander? Man kann es rund rechnen: 100 000mal stechen, 100 000mal bücken, 100 000mal aufrichten – ebenso viele seitliche Würfe, abwechselnd über die höhergelegene Moorkante oder auf die bereits abgetorften Schichten, und nicht jeder Wurf sitzt. Da muß mit dem Spaten, mit den Händen nachgerückt, geordnet werden. Schließlich soll der Torf schnell trocknen. Es folgt das Stapeln im Moor, später das Einsacken, das Aufladen, der Transport, das Abladen und Lagern am Cottage. In der Tat – die Arbeit von Steinzeitmenschen. Ich frage den Mann, wie lange das Trocknen dauern wird, wo es hier doch immer wieder regnet? Er macht eine Handbewegung nach oben, als wolle er sagen: Weiß der Himmel! *Er* wird es wissen!

Später treffe ich den Fortschritt, eine Abtorfmaschine – nach unseren Begriffen eher ein Museumsstück von Technik, ein rasselndes, klapperndes Stück Dieselromantik. Der Fahrer weiß, daß die Abbaumethode mit dieser Maschine die gewachsene Struktur der Moore zerstört, denn der Torf wird damit aus tieferen Schichten nach oben gerissen. Seiner Selbstkritik folgt Schweigen, doch seine Gedanken hängen in der Luft: Was soll ich machen? Ich bin froh, daß ich Arbeit habe! Und wir brauchen doch den Torf!

Ich nutze sein Gefährt als Schutzschild gegen einen Regenguß und fahre, als es wieder aufhört, hinter den Wolken her.

Der Nordwind ist wieder da, kräftiger noch als in den Tagen zuvor. Die Quecksilbersäule rutscht in den einstelligen Bereich, nähert sich der Null-Linie. In den Abendstunden fällt der Regen in fester Form: Es hagelt. Auf den Bergen dürfte es vorübergehend Winter werden. Frost in Donegal!

Gestern ein klammes Bett in einem ungeheizten Zimmer, heute ein kaltes Lager in einem windkühlen Zelt. Der Unterschied liegt nur im Preis, wobei letzteres am Fuße des Mt. Errigal kostenlos ist.

Überall Moore mit dem Strickmuster der Abtorfmaschinen, mit den Runenzeichen der Steinzeitmenschen, Torf in allen Stadien: frisch gestochen und noch fettglänzend, wettergegerbt trocken, rissig, bereits wieder zerfallend, weil die Männer, die ihn stachen, vielleicht gar nicht mehr leben. Braun die Moore, braun die Berge, braun die Seen – braun ganz Donegal. Käme ich in einem Monat zurück, wäre die Natur grün, ich befände mich in einem anderen Land. So aber nehme ich von dieser Fahrt hinter den Bergen Bilder mit, die trotz ihrer farblichen Schlichtheit zu den ausdrucksstärksten meiner Reise gehören.

Ich bin wieder auf der Hauptstraße. Ein Einkauf ist notwendig, doch es bleibt beim Versuch. Die Frau in dem winzigen Laden hat nicht einmal die sonst üblichen Halbliter-Milchtüten vorrätig. Das Gewicht der beiden Tomaten, die ich mir ausgesucht habe, schätzt sie. Gut sortiert dagegen ist ihr Angebot an Sammlerbriefmarken. Sie verkauft diese abgepackt in kleinen Tütchen: zehnmal USA, zehnmal Kuba, zehnmal die Niederlande – Pferde,

Das »Strickmuster« einer Abtorfmaschine

Schiffe, Blumen. Das kenne ich noch aus meiner Jugend. Damals war die Frage: ein Tütchen bunte Briefmarken oder zwei Tütchen Brausepulver? Beides kostete einen Groschen.

Wieder im Sattel lächle ich über diese Reise in die Vergangenheit. Hier in Irland sind wirklich viele Uhren vor vielen Jahren stehengeblieben.

»Good luck Donegal!«

Die *Rosses*. Ich benutze wohl das falsche Verkehrsmittel! Man bräuchte ein Flugzeug, um diese kontrastreiche Landschaft aus Seen und nacktem Fels genießen zu können. Auf dem Fahrrad komme ich mir dagegen vor wie ein kurzsichtiger Frosch. Auch Sichrecken bringt keine Vogelperspektive.

Burtonport bringt eine kleine Abwechslung. Die dem Hafen vorgelagerten Felsen erinnern an das südliche Schweden. Schären vor den Küsten Donegals – warum nicht? Es werden gerade Krebse angelandet. Sie sind etwas für Küchen, an denen man als Radler vorbeifährt und die auch den meisten Iren fremd sind. Die Behausung eines Hafenarbeiters, ein mit Stricken zusammengehaltener Wohnwagen, ist der bildhafte Kontrast zu den Gourmettempeln, von denen ich hier rede.

Während der Schleifenfahrt zurück zur »Nummer 56« fällt mir auf, daß es hier kaum ein Haus gibt, neben dem nicht ein Stapel Brenntorf lagert. Manche der Hütten sind noch echte »Irish Cottages«, mit Wänden aus Natursteinen, weiß gekalkt, strohgedeckt und einem übergeworfenen Fischernetz als Sturmsicherung.

Irgendwo hatte ich ein gelb-grünes Fähnchen gesehen Ein Kind schwenkte es, und ich registrierte es eher unbewußt. Bald ein zweites, ein drittes. Ich werde stutzig. Beim dreißigsten beginnt mich die Beflaggung zu interessieren, denn inzwischen flattert es an Fenstern und Zäunen. Sogar die Bäume am Straßenrand tragen gelb-grüne Bauchbinden. Ähnlich bekennen bei uns die Schützenvereine Farbe. Irgendwann wird sich schon jemand finden, den ich nach dem Grund für das Flaggezeigen fragen kann.

Inzwischen hat mich der Wind weiter nach Süden geblasen. Noch immer weht er für irische Wetterverhältnisse aus der »falschen« Richtung. So einen Verbündeten kann man als Pedalist gebrauchen.

Das Rad »frißt« die Straße. *Dunglow* liegt lange zurück. *Lettermacavard* – schon vergessen. *Maas* war gefolgt, dann *Glen-*

Wo die Bäume rar sind, freut man sich über solche Plätzchen

ties. Mir ist, als hätte ich Segel gesetzt. In einem der Orte verstummten gerade die Kirchenglocken. Der Parkplatz vor dem Gotteshaus war überfüllt, die Straße mit Fahrzeugen verstopft. Man war mit allem gekommen, was Räder hat: mit normalen Pkw, mit solchen, die der TÜV bei uns sofort aus dem Verkehr ziehen würde, mit Geländewagen der Nobelklasse. Manche Farmer bemühten für den Kirchgang ihren Traktor, ein paar arme Schlucker nutzten ihr rostiges Rad. An dem einen oder anderen baumelte ein kleiner Wollzopf am Lenker: gelb-grün wie die Fähnchen, die immer mehr werden. Wenn man einen solchen »Fuhrpark« sieht, begreift man, daß sich hier über Jahrhunderte nichts geändert hat. Der Glaube verbindet noch immer die Menschen – unabhängig von ihrem sozialen Status. Diese Gleichheit schafften bei uns erst die Friedhöfe, aber selbst auf diesen nur *unter* der Erde.

Im Wechsel von Zelt und Bett nutze ich wieder einmal ein »B&B«. Es wird ein Fehlgriff.

»You want a cup of tea?« Diese Höflichkeitsfrage mit der *einen* Tasse Tee war wörtlich gemeint. Und der Nachsatz, man werde mir diese aufs Zimmer bringen, ist keineswegs guter Service, sondern ein deutliches Signal der Ausgrenzung. Doch was soll's! Schwedinnen müssen auch nicht alle blond sein, nicht jeder Italiener kann singen, warum sollte hier in jedem Haus die sprichwörtliche irische Gastfreundschaft wohnen?

»Good luck Donegal! – Fair play to you'se – Boys well done! – Viel Glück, Donegal – Macht's gut, Jungs!« – »Flush the Jacks!« Da waren sie wieder, die gelb-grünen Bekennerfähnchen, jetzt oft mit anfeuernden, glückwünschenden Inschriften wie diesen. Sie wehen überall, stecken sogar in den himmelwärts gerichteten Auspuffrohren der Traktoren. Selbst über Wiesen und Mooren flattern sie an eigens dafür aufgestellten Stangen. Über Nacht hatte sich ihre Zahl explosionsartig vermehrt, waren sie gleich Pilzsporen übers Land geweht. Die halbe Antwort dafür gibt mir ein Plakat, das ein Fenster ziert. Die Fußballmannschaft Donegals – es geht um »gälischen Fußball« – ist darauf abgebildet, dazu ihr Meistertitel: »Championship 1992«.

»Heute spielen unsere Jungs gegen Dublin!« erklärt mir ein Mann und fügt hinzu: »Alle guten Wünsche!« Als ich nachfrage und wissen will, was »Flush the Jacks« heißt, lacht er und macht eine Handbewegung, als ziehe er in einem Zugabteil die Notbremse: »Spült sie durch die Toilette – die Dubliner!«

Am Nachmittag werde ich Zeuge, was keltisches Fußballfieber bedeutet. Kein Mensch ist auf den Straßen zu sehen. Wo ein Fenster oder eine Tür geöffnet ist, sehe ich die Leute vor den Fernsehern – stehen. Der Verkehr ruht. Die Autofahrer sind beim Anpfiff des Spieles links rangefahren. So wie Hunde nicht gleichzeitig bellen und beißen können, vermögen sie den Wagen nicht zu steuern, während dieses Superspiel im Radio übertragen wird. Jedes Stöhnen signalisiert ein Fasttor, jeder Urschrei Punkte – zwei fürs »Netz«, einen für »zwischen die Stangen«*. Hinter *Ardara* verliere ich das Spiel aus den Ohren.

---

* Die Eckpfosten des Tores beim gälischen Fußball überragen dieses um mehrere Meter. Fliegt der Ball zwischen den Stangen hindurch, gibt es einen Punkt.

Außerhalb der Orte – wenn nicht gerade ein Autofahrer am Straßenrand parkt – ist es ruhig. Mein Sträßchen führt hinauf zum *Glengesh Pass*. Eine wunderschöne Strecke: still, einsam, wie in einem Bilderbuch. Oben am Paß werde ich erwartet – von einem motorisierten Australier. Er hatte mich schieben sehen. Seiner Mitleidsmiene begegne ich mit meiner Radlerphilosophie: »Slowly but steady! – Langsam, aber stetig!« Wir tauschen unsere Irlanderlebnisse aus. Doch schon nach zwei Sätzen weiß ich, daß uns – nicht nur geographisch – Welten trennen. Sein bisher stärkster Eindruck: Der Australier hatte sich bei seiner Ankunft in Dublin einen Opel Corsa geliehen und für zehn Pfund getankt. Jetzt, wo er damit von einer Küste zur anderen gefahren ist, zeigt die Nadel noch immer »Benzin okay«. Für ihn, der, wie er sagt, zu Hause einen schweren Geländewagen fährt, ist diese Bescheidenheit eines Motors unbegreiflich. Auch so, denke ich, kann man Irland erleben. Nach der angebotenen Limo greife ich trotzdem. Auch die Kirche nimmt's vom Sünder.

Wieder Hochmoore, wieder Runen in der Landschaft. Doch Torfstecher sind nicht zu sehen. Ach ja, heute ist doch Sonntag! Die Straße neigt sich. Das Rad rollt, folgt der Schwerkraft. Ich passiere Häuserhäufchen, kaum richtige Orte. Eine Rechentafel in einem Schulfenster – immerhin sind ihre Kugeln schon aus Plastik –, Hühner, nicht nur auf der Straße, sondern auch auf Fenstersimsen und in offenen Türen, ein Hund, der beim Bewachen der Torfsäcke eingeschlafen ist. Als Radler sieht man manchmal zuviel, die Eindrücke stauen sich auf.

Hinter *Glencolumbkille* endet diese Straße voller Bilder. Hier endet auch Irland! Die nächste Küste ist die Labradors. Ein wenig herumkurven – etwas Geschichte, ein bißchen Sage (hier lebte und lehrte der heilige Columba, der die Geister aus der Gegend vertrieb, indem er das Tal mit Nebel füllte), dann eine Brücke, die für Autofahrer noch Aufregung bedeutet –, und ich habe meine endgültige Richtung gefunden.

So einfach war das gar nicht, denn schon seit dem Glengeshpaß läßt mich meine Karte im Stich. Auf den Straßenschildern stehen andere Namen als auf ihr. Überhaupt ist es, als hätte ich

Sie sind selten geworden, aber in den Bergen findet man noch strohgedeckte Häuser

das Land gewechselt. Die Leute sprechen eine Sprache, die mir absolut fremd in den Ohren klingt. Milch heißt nicht mehr »milk«, sondern »bainne«, ich bezahle sie mit »airgead« und klemme die Tüte auch nicht mehr auf mein »bike«, sondern aufs »rothar«. Zwar verstehen *mich* alle, aber ich verstehe diese Menschen nur, wenn sie aus Höflichkeit dem Fremden gegenüber Englisch sprechen. Das tun sie auch – Gott sei Dank!

Bis hinunter nach *Kerry* werde ich dieses Gälisch nun immer wieder hören und damit dem alten Irland noch ein Stück näher sein.

Der Ort heißt *Carrick* oder *An Charraig*. Viele Fähnchen und ein mit gelb-grünem Halsband geschmückter Hund erinnern mich an das Spiel Donegal–Dublin. Inzwischen mußte es wohl zu Ende sein. Im nächsten Dorf erfahre ich auf etwas ungewöhnliche Art das Ergebnis. Eine Frau, älter als ich, stoppt mich mit Handzeichen genauso, wie ich es mit Autofahrern mache, wenn ich eine Auskunft brauche. Das »Halt!« deute ich deshalb zunächst als Hilferuf. Doch ihre Frage zeigt sofort, daß ich mich geirrt habe: »Wissen Sie, wie unsere Jungs gespielt haben?« Dabei sieht sie mich gespannt an.

Als Antwort verweise ich lächelnd auf mein Fahrrad: »Kein Radio an Bord!«

Die Frau wirft beide Arme hoch. »Es war ein Unentschieden! Ein Unentschieden!« ruft sie aufgeregt. Aus ihrem »It was a draw!« klingt die Freude darüber, daß die Donegal-Boys nicht verloren haben. Kein Sieg zwar, aber was macht das schon! Nicht Verlierer sein, das zählt. Da könnten sich unsere Fußballfans eine Scheibe abschneiden.

Menschen und Musik

Zwanzig Kilometer sind es noch bis in die Stadt *Donegal.* Irland ist nicht das Land der Entfernungen. Mit dem Flugzeug bräuchte man, egal in welcher Richtung man es durchkreuzte, ganze dreißig Minuten. Eigentlich komme ich viel zu schnell voran.

Die Stadt beschert mir ein besonderes Erlebnis: Lange war ich auf der Suche nach einem Pub durch die Straßen gepilgert. Manche wirkten mir zu modern, andere machten zuviel Werbung – immer ein Zeichen für touristische Angebote –, und auf Popmusik, wie sie hie und da bis hinaus auf den Bürgersteig drang, war ich auch nicht aus.

Die Fassade ist eher schäbig. Die Reklame steht in Form von Flaschen im Fenster. Das Ganze nennt sich »The Scotsman«. Meine Wahl fällt auf diese Kneipe, weil ich im Vorbeigehn nichts höre. Dreizehn Männer sind anwesend. Keiner von ihnen sieht nach Tourist aus. Am Zapfhahn steht eine Frau. Ich nicke einen Gruß. Die Antwort ist ein vierzehnfaches Nicken. Gleich einer einladenden Geste rückt man am Tresen mit den Hockern etwas zusammen – Platz für den Fremden!

Meine Augen sind überall: Ich sehe die an die rückwärtige Tür gepinnten Geldscheine – auch den deutschen Zehner darunter –, die Plastikkratzhände für den Rücken, die Spazierstöcke, die hier zurückblieben, weil mancher nach dem fünften Guinness wieder

Schon früh an Guinness gewöhnen – Schild an einem Pub

gehsicher wird. Ich sehe die Kinderzeichnungen an der Wand, das auf den Whiskeyflaschen ausbalancierte Radio, den Abreißkarton, an dem früher einmal Erdnußtütchen hingen, den Rosenkranz an einem Nagel... Und weil ich mir nicht alles merken kann, was die Augen aufnehmen, ziehe ich mein Tagebuch hervor und beginne zu schreiben. Das provoziert erst recht Fragen – stumme und ausgesprochene. Die Frage im Blick der Frau beantworte ich mit: »Mein Tagebuch!«, die von links mit ein paar Worten zu meiner Person, die von der anderen Seite wahrheitsgemäß mit: »Ja, ich bin Tourist!«

Zeit zum Weiterschreiben? Warum nicht? Ich peile über den Rand meines Glases den gerahmten Spruch über der Theke an und notiere mir die Kernsätze:

> *»May the wind always be at your back,*
> *may the sun shine warm upon your face...«*

Das klingt, als hätte man ihn für mich, den Radler, geschrieben, denn was wünschte ich mir mehr als den Wind im Rücken und die wärmende Sonne im Gesicht!

Genauso erkläre ich es meinem neugierigen Nachbarn zur Linken. Damit kommt das Gespräch in Fluß. »Mit dem Fahrrad durch Irland? Sie sind doch auch nicht mehr der Jüngste? – Was, von Dublin? – Erst nach *Inishowen*?« Jede Antwort führt zu einer neuen Frage. Der Mann ist Farmer, alt, sehr alt. Er trinkt zuviel, hat Schwierigkeiten mit seinem Gebiß, die sich zunehmend verstärken. Guinnessgeölt gleitet es auf dem Gaumen besonders gut. Inzwischen muß er es schon nach jedem Kurzsatz zurechtrücken. So enden sie alle mit einem geschlürften »Th«. Bei seiner Einladung wird der Mann nicht sehr konkret. Ich solle ihn besuchen, er wohne nur drei Meilen von hier. Ein solcher Vollkreis mißt immerhin neun Kilometer im Durchmesser, groß genug zum Verlaufen. Leider kann ich die Position seiner Farm nicht näher bestimmen. Mit: »Sie müssen unbedingt vorbeikommen!« steht der Mann plötzlich auf und geht.

Inzwischen ist es im »Scotsman« lebendig geworden. Jeder, der Musik machen möchte, darf es. Ein eigenes Instrument ist nicht unbedingt nötig – ausleihen tut's auch. Jetzt verlangt einer der Männer nach dem »Biorán« – Tambourin auf Gälisch –, das hinter dem Tresen an der Wand hängt. Der Akkordeonspieler hat bereits losgelegt. Auf dem Fußboden des Pubs wird mit den Schuhsohlen der Takt geklopft. Alle »spielen« mit, manche auch mit Kopf und Schultern. Ein besonders Mutiger beginnt zu tanzen, wobei ein Bein das Standbein bleibt. Der das Biorán schlägt, möchte den Akkordeonspieler wohl überbieten. Er wirbelt die kurzen Stöcke zwischen den Fingern, schlägt in der Luft Töne, krümmt den Rücken zum Katzenbuckel und entlockt dem Ziegenleder Klangkaskaden. Dabei feuert er sich mit Rufen selbst an. »Hu, hu! Hau, ho ho!«

Plötzlich ist alles vorbei. Die Spieler legen ihre Instrumente weg, man greift stumm zum Glas. Schweigen breitet sich im Raum aus. Ich hatte von diesen Phasen der Schwermut gelesen, einem typisch irischen Wesensmerkmal. Vom Zapfhahn kommt die trockene Bemerkung: »The silent minute – eure Schweigeminute?« Die Frage war an die Spieler oder an alle gerichtet. Als keiner antwortet, dreht die Frau das Radio an. Schlagermusik klingt aus dem schwarzen Kasten. Der Akkordeonspieler neigt den Kopf; er scheint interessiert zuzuhören. Zaghaft drückt er die ersten Tasten, findet den Rhythmus und – nein, er begleitet die Radiomusik nicht, er variiert sie, improvisiert, dehnt die Klänge.

»You enjoy it?« Die Frage gilt mir. Der Mann hatte bemerkt, daß ich mit den Augen an seinen Fingern und mit den Ohren an den Tönen hing. Ich nicke, zeige mit meinem Lächeln die Freude über dieses Erlebnis. Inzwischen klingt auch wieder das Biorán, und die beiden Spieler machen das Radio hilflos nieder.

Die Polizeistunde alten Stils wird es wohl auch in Donegal noch geben. Aber im »Scotsman« scheint sie anders zu funktionieren. Vom Zapfhahn kommt nicht der Ruf: »Ready now, please!«, die Aufforderung zur letzten Bestellung, sondern man schließt die Tür ab, damit die Gäste ein – und die Polizei aus. Die Schankorder mit dem Hinweis, daß ihre Mißachtung 50 Pfund Strafe kostet, hängt so fromm wie ein Heiligenbild an der Wand.

Es ist längst Mitternacht vorbei, als ich rausgelassen werde. Auf dem Weg zu meiner Unterkunft lächle ich still in mich hinein. In meinen Ohren klingt noch die Musik, mein Kopf ist voll Guinness und voller Nebensächlichkeiten, wie etwa, daß die Mutter des Akkordeonspielers siebenundsiebzig Jahre alt ist. Ich hatte mein Irland-Erlebnis!

Heute droht mir der Himmel. Die Wolken wirken wie Fäuste. Ihr Grau scheint sich bis hinunter aufs Land zu legen. Doch der erste Regenguß wäscht es wieder grün – grasgrün, moosgrün, maigrün. Einundzwanzig verschiedene Grüntöne soll es auf der Insel geben. Mit Sicherheit sind es allein zwischen Donegal und Ballyshannon doppelt so viele, da hatte ein Schreiber falsch gezählt. Noch ein Regenguß, ein dritter, ein vierter. Der Himmel hat sich ausgedroht! Der Wind findet wieder seine Richtung, steht steif von Nord, die Sonne wärmt mir die Stirn. »May the wind always be at your back, may the sun shine warm upon your face!« Jemand mußte es mir tatsächlich gewünscht haben.

Ballyshannon. Für Jungen eines bestimmten Alters steckt die Männlichkeit noch in Zigaretten versteckt. Vor einem Imbiß sehe ich eine solche Gruppe »in Pose« rauchen. Ähnliche Typen habe ich schon ganz brav zur Kirche gehen sehen – in Turnschuhen, in Jeans. Die Walkmanstöpsel zogen sie sich vor der Kirchentür aus den Ohren, wie andere dort den Hut abnehmen. Vorschnelle Urteile hängen oft schief.

Ähnlich ist es mit dem Tippelbruder, den ich später am Straßenrand anspreche. Der hätte, als echter Schotte, im »Scotsman« von Donegal noch gefehlt! Die Wasserflasche an den Rucksack geschnallt, die Verpflegung im Plastikbeutel am Gürtel, erwandert er sich Irland. Drei Monate hat er für die Insel angesetzt, dann wird noch ein Land folgen, danach ein weiteres... Ohne feste Heimat, gibt er mir für das Foto, das ich von ihm mache, die Anschrift seiner Schwester in *Ballymena*. Wir stehen am Rand der Fahrbahn und kommen von einem Thema zum anderen. Eigentlich möchte ich den Schotten fragen: »Welche Fächer hast du studiert?« Es ist so eine Sache mit den Vorurteilen!

Ein Dutzend weiterer Fotomotive sind mir zugefallen: ein »Candy Store«, ein buntes, süßes Paradies. Das Schild NO CREDIT macht Sinn. Bonbons, einmal im Mund, kann man nicht zurückverlangen. Dann der Tante-Emma-Laden, der Brot, Milch und Briketts aus gepreßtem Torf verkauft. Neben dem Eingang ein Kaugummi-Automat, der für zwei Pence einen Überraschungskaugummi herausrückt. Auch die alte Molkerei von *Drumcliffe* reizt. Da fehlt nur das Schild »Museum«. Ich werde Schwerpunkte setzen müssen, sonst gehen mir die Filme aus.

Über der Landschaft erhebt sich jetzt der *Ben Bulben*. Für mich ist er Irlands schönster Berg. Die Erosion hat sein Gesicht wie mit Schwertschlägen gekennzeichnet: ein betagtes Naturmonument.

Noch ein paar Kilometer, und ich stehe am Grab von William Butler Yeats. Die Inschrift, von ihm selbst verfaßt, ging in die Literatur ein: »Cast a cold Eye on Life, on Death, Horseman pass by! – Betrachte das Leben, den Tod mit kaltem Blick, dann Reiter, ziehe deines Weges!« Nicht allzuweit zurück war ich an einer anderen Ruhestätte vorbeigekommen – dem vorgeschichtlichen Grab »An Chraobhaigh Chaol«. Sie ist 5 000 Jahre älter als das Grab des Dichters. Was ist Zeit, was ist ein Leben? Unwillkürlich fühle ich mich von Yeats' Worten angesprochen, lese sie – und fahre weiter. Philosophische Gedanken lohnen nicht.

An Chraobhaigh Chaol – eine 5 000 Jahre alte Grabstelle

Gleich nach meiner Ankunft in Irland hatte ich das erste Tinkerlager gesehen. Was für ein Anblick, was für ein Unterschied zu den romantisierenden Darstellungen in der Reiseliteratur! Die Realität traf mich wie ein Schlag. Kein Tourist, kennte er sie, buchte jemals eine »Tinker-Fahrt«, bei der ihm per Planwagentour das »romantische Leben« der ehemaligen Kesselflicker vorgegaukelt wird.

An der Straße nach *Sligo* komme ich nun an einem der größten Lager vorbei. Es juckt mich im Kamerafinger. Fast einen Kilometer lang ist die Schrottfront, die sich hinter den Wohnwagen stapelt. Meterhoch liegen dort Autobatterien, Rohre, alte Kessel und alle erdenklichen Metallabfälle. Man sagt, die Tinker holen das Material aus einsturzgefährdeten Häusern, die sonst niemand mehr zu betreten wagt. Ich sehe aber auch das soziale Umfeld. Davon ein Foto, an bestimmte Redaktionen geschickt – es müßte ernüchternd wirken.

Kaum halte ich, beginnen die Probleme. Ein Mädchen, wohl von seinen Eltern geschickt, will wissen, was ich hier möchte. Ich spiele auf diplomatisch und zeige auf den kleinen Hund, der an einer alten Autobatterie festgebunden ist. Von dem Hund möchte ich gerne eine Aufnahme machen. Okay? Wie heißt er denn?

Die vielleicht 13jährige antwortet mit »Snooky!« und mit »Nein! Warum?«. Dann überlegt sie es sich noch einmal. Ich darf fotografieren. Allerdings beginnt nun das Ausfragen, ganz schlau, wie sie meint. Den Wert meiner Kamera will sie wissen. Ich trickse, mache meine Nikon zu einem alten Ding, gebraucht gekauft, alles noch von Hand einzustellen! Sie will wissen, wohin ich fahre. – »Nach Süden!« – Wo ich schlafe. – »Irgendwo!« Um zu unterstreichen, daß bei mir nichts zu holen ist, füge ich hinzu: »Auf Weiden, in meinem Zelt. Das kostet nichts!« Es ist eine schwierige Unterhaltung. Das fehlerhafte Englisch des Mädchens verrät, daß es wohl nie zur Schule gegangen ist. Auch jetzt muß ich dreimal nachfragen. Hatte ich da richtig gehört? Das Mädchen wiederholt sein Angebot, mein Zelt hier beim Lager aufzuschlagen. Das war eine Offerte, wie man sie unter Brücken und in bestimmten Gassen bekommt. Ich bin mir nur nicht sicher, ob mir das Kind sich selbst oder seine ältere Schwester angeboten hat. Zugegeben, mein etwas schäbiger Outdoor-Look mag solche Mißverständnisse fördern, aber *so* hatte man mich noch nie verkannt. Auf Liebe im Tinkerlager war ich nicht aus!

Zwei Männer sind hinzugekommen – ihre Haltung, ihre Gesichter: ein einziges Mißtrauen. Ich beschwichtige sie, indem ich vorgebe, mich mit dem Mädchen über den kleinen Hund unterhalten zu haben – ich hätte eine Schwäche für Hunde. Und bevor die Situation kritisch wird, ziehe ich mich mit der Bemerkung aus der Affäre, daß die Sonne noch recht hoch stehe, da ließen sich noch ein paar Kilometer erradeln.

Während ich weiterfahre, hoffe ich nur, daß die Kette des Schäferhundes hält, der das Lager bewacht und der mich inzwischen als »Feind« ausgemacht hat. Gegen diese Zähne würde mir nur ein Gewehr helfen.

Es ist nichts mit den bunten, von Pferden gezogenen Planwagen, nichts mit Tee aus Blechgeschirr am romantischen Lagerfeuer. Ein Tinkerlager anno 1993, das ist Schmutz, das ist Schrott, das ist Armut und Analphabetentum. Das ist, so die Statistiken, erhöhte Säuglingssterblichkeit, reduzierte Lebenserwartung. Die

Tinker werden als »drop-outs« oder als »knackers«, als Verschrotter, bezeichnet, Begriffe, die schrill klingen, weil in ihnen die Wertung »menschlicher Abfall« mitschwingt.

Bis zum Ende meiner Reise sollte ich noch etwa ein Dutzend solcher Lager passieren. Überall bot sich mir das gleiche Bild.

Ich habe in *mein* Irland zurückgefunden. Es gibt Tage auf einer solchen Tour, die bersten vor Erlebnissen. Der heutige gehört dazu. Seit einigen Minuten folgt mir – dicht auf den Fersen – ein Radler. Seine Kette verrät ihn: Sie schreit nach ein paar Tropfen Öl. Jetzt legt er etwas zu, kommt längsseits. Er kennt mich bereits, meinen Namen, meine Adresse. Schließlich brauchte er sie nur von der Plakette hinten am Rad abzulesen, die ich dort angebracht hatte, falls das Rad auf einem Luft- oder Seetransport fehlgeleitet würde.

Zwei Pedalisten in Formation, da plaudert man miteinander. Torf an den Stiefeln, Torf an den Hosen, Torf an den Händen: Der Mann kam aus seinem Moor – ein echter Torfstecher. Gäbe es einen besseren Gesprächspartner? Schließlich – Ronald, so heißt mein »Beifahrer«, wird gleich abbiegen – mache ich ihm ein Angebot: »Ich werde mir hier in der Nähe eine Unterkunft suchen, dann lade ich Sie zu einem Glas Guinness ein.« Wir verabreden Ort und Zeitpunkt. Ronald schlägt das graue Haus, an dem wir vor ein paar Kilometern vorbeigefahren sind, als Pub vor, obwohl dieses doch nicht im geringsten nach einem Lokal ausgesehen hatte. Und was ein »B & B« betrifft, so gibt er mir den Tip: »Noch eine Meile, dann das sechste Haus hinter der Kreuzung – groß, weiß! Bestellen Sie Mrs. Thicket einen Gruß von Ronald!«

Das große weiße Haus, »Westleigh House«, entpuppt sich als Farm. Ich platze mit den Grüßen von Ronald durch die Tür. Ein Lächeln: »Welcome!« Schon bin ich Gast, man nennt mich beim Vornamen, und Mrs. Thicket ist für mich Olive. Eine halbe Stunde später sitze ich versorgt – und umsorgt – über das Familienalbum gebeugt. Es beginnt mit einem Foto von einem Geburtstagskuchen und endet mit Aufnahmen aus dem Moor, das die Thickets besitzen. Olive kommentiert: »In dem finden wir immer wieder ›Black oak‹.« – Das sind Mooreichen, die als Schwarzeichen beim Torfabbau wieder freigelegt werden. – »Das Holz ist wertvoll, aber so hart, daß man es nicht bearbeiten kann. Und wirfst du's in den Kamin, dann jagt dich die Hitze aus dem Haus. In dem Moor können wir noch zweihundert Jahre stechen, aber bis dahin ist es am anderen Ende wieder nachgewachsen.«

Nun muß ich Mrs. Thicket aufklären: »Ich habe noch eine Verabredung – mit Ronald auf ein Bier.« Als ich das graue Haus erwähne, stutzt sie, sagt aber nichts.

Eine halbe Stunde später stehe ich vor der Tür, ich bin etwas zu früh dran. Nach kurzem Warten trete ich ein. Ronald wird schon kommen.

Hatte mir das Angebot des Tinkermädchens fast die Beine weggezogen, in dem Augenblick, in dem ich die Tür dieses Hauses aufdrücke und sein Inneres erkenne, wackeln sie. Ich sehe mich einer Szene gegenüber, die wie ein Stück Mittelalter, fast wie ein Bild aus den Hungerjahren Irlands anmutet. Der Raum ist rußgeschwärzt. Im Kamin steht ein alter Eisenofen, seine offene Tür signalisiert: »Das Feuer ist aus!« Die Aschehaufen daneben sehen schon recht alt aus. Inmitten dieser Schwärze sitzt, hockt ein alter Mann – schwarz gekleidet, rußhäutig wie ein Schornsteinfeger. Das einzige Helle an ihm sind seine Augäpfel. Die Beine des Stuhles müssen abgesägt worden sein. Er hat nur noch Hockerhöhe.

Ich brauche wohl eine volle Minute, bis ich mich gefaßt habe. Hier mußte eine Verwechslung vorliegen, und so beginne ich mit einer Entschuldigung: »...Ronald... angeblich das einzige Pub... wir wollten...« Der Alte antwortet mir etwas, lächelt dabei. Aber mit einer mir verständlichen Sprache hat das wenig zu tun. Allerdings scheint er jenen Ronald zu kennen, denn den Namen hatte er nickend wiederholt. Was sollte ich tun? Die Verabredung mit dem Torfstecher war eigentlich unmißverständlich gewesen: »Um neun Uhr, in dem grauen Haus!« Ein anderes graues Haus hatte ich nicht gesehen. Ich entschließe mich zu warten und versuche die Zeit durch Reden zu überbrücken. Ich erzähle dem Alten von meiner Tour – in simplen Sätzen und laut, vielleicht ist der Mann schwerhörig. Wieder Nicken, wieder die-

Wenn Blüten an der Tür zum Hindernis werden

ses Lächeln. Da er so tief hockt und ich stehe, also auf ihn hinunterschauen muß, wird mir die Situation unerträglich peinlich. Ich verabschiede mich – unwillkürlich mit einer Verbeugung. Es ist eine Verbeugung vor dem Alter und vor der Armut.

Draußen atme ich erst einmal tief durch. Sinnend radle ich zurück. Käme Ronald doch noch, so müßten wir uns jetzt begegnen. Schließlich warte ich noch an dem Weg, an dem er abgebogen war – vergeblich.

Wieder in »Westleigh House« erzähle ich Olive die ganze Geschichte. Sie schweigt eine Weile, dann klärt sie mich auf: »Ich habe geahnt, daß Ronald nicht kommen würde. Er schämt sich. Hast du nicht gesehen, was er trug? Er hat immer bei seiner Mutter gelebt. Vor ein paar Jahren ist sie gestorben. Jetzt wohnt er allein, lebt von der Unterstützung – und von einem kleinen Stück Moor. Manchmal macht er für uns Hilfsdienste, ein lieber Kerl, aber...«

»Und der Alte? Das graue Haus?« frage ich nach. Olive stockt. Sie scheint mir das nur ungern sagen zu wollen: »Der alte Mann war einmal Priester... Er hat wirklich eine Lizenz zum Bierverkaufen, und er hat auch immer etwas im Haus. Hast du es nicht gesehen? Er sitzt darauf, die Dosen stehen unter seinem Stuhl. Das ist kein Pub – oder eigentlich doch. Nur wenige wissen das. Ein paar Farmer besuchen den Alten, trinken dort etwas, reden mit ihm, damit er nicht so einsam ist.«

Ich atme noch einmal tief durch: »Das war wie im Mittelalter!«

Sie nickt: »Ja, irgendwie...«

Ein zum Alkoholverkauf »konvertierter« Priester, ein Torfstecher – in Lebensumständen, die ich mir nun bildhaft vorstellen kann. Nie würde Ronalds Fahrradkette einen Tropfen Öl sehen. Die beiden Männer hatten das gleiche Schicksal: Armut und Einsamkeit.

Dieser ungewöhnliche Tag endet dann auch etwas unüblich: Ich bekomme ein Glas Milch ans Bett, muß bei diesem erst einmal die untergeschobene Heizdecke abschalten und mich nach dem Hineinlegen von drei der sechs (!) Wolldecken befreien. Olive Thicket hatte wohl eine arktische Nacht erwartet.

Als ich am nächsten Morgen weiterradle, bin ich auch über diese Gegend etwas informiert. Auf die vielen hier leerstehenden und oft schon zu Ruinen verfallenen Häuser angesprochen, hatte Olive geantwortet: »Da wirst du noch mehr sehen. Gerade ist wieder eines dazugekommen! Die Viehweiden hatte sich schon vor Jahren die Natur geholt. Nun ist die Frau gestorben, und alles wird verfallen. Ihr Sohn arbeitet drüben in England – dort wird er auch bleiben. Es sieht schlimm aus um *Ropefield!* Ganze hundert sind wir hier noch!«

Olive Thicket hatte recht. Diese Straße sollte ich später »Straße der Trostlosigkeit« nennen.

Bilder – bunt, grau und gestrig

Daß ich durch ein Stück Irland radle, das den Anschluß an die Gegenwart verpaßt hat, ist nicht zu übersehen. Ginster wogt über Gleise und Weichen einer stillgelegten Bahnlinie. Eisentafeln am Zugang von Viehweiden drohen: »Wer dieses Gatter geöffnet läßt, muß 40 Shilling Strafe zahlen!« Doch nicht wenige dieser Gatter hatte die Natur bereits selbst geöffnet – die Pfosten waren weggefault.

In irgendeinem Ort: Eine ganze Häuserzeile steht leer, tot, vom Einsturz bedroht. Von einer der Giebelwände herab wirbt ein Plakat: »GTX – das Motoren-Superöl!« Ruinen sind immer noch gut genug für Reklame. In *Charlestown:* »Normanly's Store« – längst aufgegeben; »C. Stenson« – war einmal; »Fitzmaurice Shoes and Boots« – ein verstaubter Restposten steht noch im Fenster, dahinter leere Regale; ein Laden ohne Namen: »Licenced to sell stamps«. Ein paar Schritte weiter blickt mich aus einem blinden Fenster eine Heiligenstatue an, der letzte Bewohner des Hauses.

Im nächsten Dorf, fast eine Stadt, steuert ein Mann auf mich zu und fragt, ob ich Tourist sei. Ich sehe seine Hose, die einem anderen zu gehören scheint, seinen Pullover, der am Zerfallen ist, seinen einer Pferdedecke gleichenden Mantel. Solche Armut gab es bei uns nicht einmal zur Zeit der Hinterhöfe. Ich habe seine

Frage noch nicht beantwortet, als schon die zweite folgt: »Was halten Sie von den Engländern?« In meinem Kopf rasselt es. Wenn einer die irische Geschichte kennt und weiß, *wer* das Land jahrhundertelang geknechtet hat, *wer* eine Million Iren verhungern ließ und *wer* ein halbes Volk in die Emigration trieb, was soll dieser, wenn er moralisch wertet, auf eine solche Frage antworten? Doch der Mann kommt mir zuvor, er holt tief Luft, richtet sich auf und spuckt mir vor die Füße. Ich weiß, das galt nicht mir!

»Straße der Trostlosigkeit«. Jeder ehrliche Mensch müßte dies ebenso empfinden.

Swinford. Ich brauche nur irgendwo anzuhalten, und ein Gespräch ist mir sicher. Der Mann schätzt das Gewicht meines Rades und des Gepäcks. Mich selbst taxiert er auf gut zehn »stones«. Ein Stein ist eine alte englische Maßeinheit, umgerechnet etwa sieben Kilogramm. Auf das in Irland schon seit Jahren gültige Dezimalsystem angesprochen, meint der Mann: »Ich bleibe bei den alten Werten! Das tun wir alle!« Irgendwie hat er recht. Auf der ganzen Strecke bekam ich nie eine Entfernung in Meter oder Kilometer gesagt. Immer waren es »yards« bis zum Postamt, »miles« bis zur nächsten Abzweigung gewesen. Eine gewisse irische Eigenart kam hinzu: Die wirkliche Entfernung war stets größer als die genannte.

Gerade sitze ich auf einem Betonrohr, möchte nur die Beine etwas ausstrecken, da stoppt ein Passant: »You seem to enjoy yourself – du scheinst dich wohl zu fühlen.« Das nächste Gespräch beginnt. Ich muß wohl etwas Zungenlösendes an mir haben. Oder die Iren sind einfach so.

Mein letzter Campingplatz war eine Schaftrift. Am Morgen weckte mich das Blöken meiner Mitbewohner. Alle Mütter schienen ihre Lämmer zu suchen. Richtige Wolle am Zelt, Wolkenwolle am Himmel. Nach dem ersten Regenguß leuchtet das Grün der Wiesen noch heller. *So* kann ein Irlandtag beginnen!

Ein Bauer auf einem Traktor – kurzes Staunen über den Fremden, der sich auf seinem Land niedergelassen hat, dann der Gruß: typisch, urtypisch. Ich grüße ebenso irisch zurück. Längst beherrsche ich das »Zucken«, das »Wegschauen«, das »Mm«.

Kaum auf dem Rad, führt mich meine Neugierde zum kleinen Mark. Der Junge baut aus jeweils zwei Torfstücken Häuschen, wie wir es als Kinder mit Spielkarten gemacht hatten. Mit den Händen zeigt er mir, daß so der Wind besser hindurchfährt und den Torf schneller trocknet. Seine Eltern, das verrät mir Mark, bezahlen ihn für diese Arbeit. Er wird noch ein paar tausend Häuschen bauen können.

Die Straße schlenkert zwischen den Seen *Lough Conn* und *Lough Coullin* hindurch. Das stoische Wesen der Schafe muß hierzulande wohl anstecken. Mit der gleichen Geduld stehen Angler an den Ufern. Ich beobachte sie von einer Brücke herab: werfen, warten, spulen. Werfen, warten... Vielleicht sind manche Angler Philosophen.

Mein Ziel ist *Achill Island*. Schon die Fahrt dorthin ist ein Erlebnis – vorausgesetzt, man wählt das richtige Sträßchen. In der *Nephil Beg Range* komme ich mir vor wie in Donegal. In jedem Dorf falle ich zurück in die Vergangenheit. An der Küste liegt auf einer Landzunge *Rosturk Wood Castle*, das passende Märchenschloß zu dieser Landschaft. Langsam radle ich westwärts weiter. Ich sehe Kühe, die bei Ebbe von selbst von einer Insel zum Festland zurückkehren, einen Farmer, der das Watt zu Fuß in der Gegenrichtung überquert. Buchten und Strände ohne Boote, ohne Menschen. Dann die ersten blühenden Rhododendren, am Straßenrand Ginster – gelber als gelb, an den Hängen ein Hauch von Rosé: Baumheide. So viele Bilder! Ich bin noch immer zu schnell.

Ein Stück alter Technik stoppt mich. Solche Autos haben Flair, und wenn es, wie bei diesem, nur ein rostiges ist. Von hinten kann ich durch die Karosserie in sein Inneres schauen. Erst beim genaueren Hinsehen fällt mir auf, daß ein Seitenfenster fehlt. Die »Ersatzscheibe« besteht aus mehreren Lagen Zeitung – vergilbt, viele Male durchnäßt, viele Male getrocknet, sozusagen wettergegerbt.

Dieses Mal bin ich nicht aufdringlich. Das Angebot, ihn samt Auto zu fotografieren, macht mir der Besitzer selbst. Er kommt gerade mit einem Brot unter dem Arm aus dem Laden, vor dem er

Thomas Corrigan neben seinem »Freund«, dem alten Mini

seinen Mini 1000 geparkt hat. Als er meine schußbereite Kamera sieht, ruft er mir zu: »Moment, ich fahre das Auto in Position! Machen Sie ein Foto mit mir darauf! Ich könnte eins von uns beiden gebrauchen!«

Nach 25 Jahren, so erfahre ich, war dem Mini die linke Tür herausgefallen. Das mußte aber schon eine ganze Weile her sein. Der Mann ist sichtlich stolz auf sein Auto, schämt sich aber jetzt seines Pullovers, der auf dem Bauch ein kanonenkugelgroßes Loch hat. Ich beruhige ihn: »Nicht die Kleidung, sondern der Mensch zählt!« Plötzlich scheint das Loch weg zu sein. Für das Foto knüpft er sich dann doch die Jacke zu: Neben seinem Freund sieht man anständig aus! Nun brauche ich noch die Adresse des Oldtimerbesitzers. Der Mann schreibt sie mir ins Tagebuch: »Th...omas Corr...igan, O...wen...duff...« Ich habe Mühe, die Buchstaben zu entziffern, die Schriftform ist so alt wie der Schreiber.

Achill Sound. Der Ort ist bereits touristisch eingefärbt. Dafür folgt jenseits des Sundes eine schöne Hochmoorstrecke. Heute

Verlassenes Dorf auf der Corraun-Halbinsel

scheint der Tag der Torfstecher zu sein. Kein »bog« ohne einen »cutter«. Die Fotomotive bieten sich nur so an. Dann die Fahrt an die Südküste der Insel: ein weitgeschwungener Sandstrand, menschenleer – und wohl gerade deshalb traumhaft schön. Ganz anders wieder das Dorf *Keel:* »Adventure Centre«, »Night Entertainment«, überall hat Neues Althergebrachtes überrollt. Zum Glück sind es noch immer fast zwei Monate bis zur Saison. Ich sehe schon jetzt so manches enttäuschte Gesicht. Entdeckte Paradiese sind bald keine mehr!

Noch ein Stückchen Achill Island, aber da ist das kleine Irland wieder einmal zu Ende.

Für die Weiterfahrt auf dem Festland wähle ich die lange Schleife um die Halbinsel *Corraun*. Hühner, Schafe und Kühe liegen auf der Straße – so manches Haus reizt zum Malen. Dabei liegt das Touristenangebot von Keel nur zehn Kilometer zurück!

Von einem Mann, der seinen Esel nach Hause führt, besser zieht, lerne ich eine neue Grußformel: »Ha-ta!« Sie verhakt sich in meinem Gedächtnis. Am Weg liegen noch ein paar Ruinen, überragt von Nachbauten, die selbst schon ergraut sind, dann nichts mehr – nur noch menschenleere Natur. Ein solches Stück Einsamkeit hätte ich hier nicht erwartet.

Corraun, das heißt »viel Stein und wenig Brot«. Im Süden der Halbinsel reicht die Vegetation nicht einmal für Schafe. Mit langem Atem rollt die See gegen die Küste an. Nackter Fels stemmt sich ihr entgegen – ein scheinbar ewig während er Kampf. Und doch wird das Weichere, das Wasser, am Ende Sieger bleiben.

Ein einsames Kreuz steht am Wegrand, mit der Inschrift: »Bete für Brenda Doherty!« Wenn es schon keine Lebenden an dieser Küste gibt, denke ich unwillkürlich, dann doch wenigstens die Erinnerung an Verstorbene.

Nach langer Schweigefahrt taucht das erste Haus auf. Es ist wie das letzte, das ich im Westen Corrauns passiert hatte, unbewohnt. Ein Schild wirbt: FOR SALE. Es wird sich wohl kein Käufer finden.

Die Maschen der Zivilisation werden nun enger. Ich bin wieder auf der Hauptstraße – schade! Es folgen ein paar Häfen, die wohl alle erst noch richtige Häfen werden möchten. Langsam umrunde ich die *Clew Bay* und lasse mich dann vom Wind weiter nach Süden tragen.

Schon aus großer Distanz hatte ich den Bergstock gesehen. Er thront über der Landschaft, dieser *Croagh Patrick*. Ein Wunder, daß er bei so vielen Pilgersohlen noch nicht flacher geworden ist! Wer ihn besteigt, der ist dem Himmel näher, das gilt auch für die Seele. Wie ich später sehe, hat sich so mancher Pub-Besitzer für seine Schänke den Namen ausgeliehen. Mit dem heiligen Patrick als Schutzpatron gibt es wohl auch geschäftlich keine Probleme.

Ich dagegen habe welche, wenngleich minimale. Man kann den Reiseführern glauben, man sollte es aber nicht immer. Das gilt bei Irland besonders fürs Geld. In Nordirland hatte ich Probleme, die Landeswährung loszuwerden, und die erste Bank in der Republik akzeptierte meine Euroschecks nicht. An anderer Stelle hieß es: »Eurocard? Mastercard? Sorry! Haben Sie nicht Visa?« Und nun trage ich schon seit geraumer Zeit eine zweite Münzsammlung mit mir herum. Mir war zu spät aufgefallen, daß es alte, ganz alte und neue irische Münzen gibt. Dazu geistert hier eine Menge englisches Kleingeld herum: die Queen mit und ohne Dekolleté, Segelschiffe... Ich hatte diese Münzen alle in den kleinen Krämerläden bekommen. Nur – in den Supermärkten oder auf dem Postamt werde ich sie nicht wieder los. Jetzt will ich es genau wissen! Wie viele Währungen gibt es in Irland, und was ist offiziell?

In *Lousborough* bietet sich mir eine Gelegenheit zum Fragen. Ich lege die ganze Sammlung auf den Ladentisch eines Geschäftes: »Ich habe das so nach und nach als Wechselgeld bekommen. Können Sie mir bitte sagen, was davon gültig ist?« Die Frau überfliegt die Münzen mit einem Blick: »Alles! Möchten Sie etwas dafür kaufen?«

Ich stutze. Vielleicht sieht die Frau schlecht. So weise ich darauf hin: »Da ist aber auch englisches und altes Geld dazwischen!«

»Alles gültig!« kommt es zurück. Und dann folgt die Begründung: »Die Münzen haben doch den gleichen Durchmesser wie unsere!«

Für die Handvoll Kupfer bekomme ich nun drei Bananen – ein guter Tausch! Als ich das Geschäft verlasse, weiß ich noch mehr über die Währungsbesonderheiten: Altes Papiergeld – auch in der Republik Irland gibt es längst neue Scheine – wird immer akzeptiert, unabhängig vom Zustand. Münzen der letzten Generation sind noch gültig, werden jetzt aber nach und nach aus dem Verkehr gezogen. Noch älteres rutscht manchmal durch. Das alles ist keine Frage der Notenbank, sondern des einzelnen Geschäftes. Irland!

Ein Unikat habe ich mir allerdings aufgehoben: einen halben französischen Franc. Ich bekam ihn als Fünfpencemünze, eben weil – zumindest in etwa – der Durchmesser stimmte!

Mein Tagebuch, das weiß ich schon jetzt, wird nicht ausreichen, um diese Fülle von Eindrücken und Erlebnissen zu fassen. Zwar gibt es hier keine großen Erlebnisse, aber dafür ist das ganze Land ein Erlebnispuzzle. Seine Teilchen muß man mit Kuli und Kamera zusammensetzen. Dazu braucht man die Zeit, die Langsamkeit eines Radlers.

Drei gute Spielkameraden vor dem Dorfpostamt

Wieder muß ich ein paar Teilchen einfügen: Im Postamt von *Kilsallagh,* das nebenbei auch ein Geschäft ist, versuchte die Frau bei meinem Eintreten das Anschreibebuch verschwinden zu lassen. Der Fremde sollte es wohl nicht sehen. In einem anderen lag die Bestelliste für Kohlen aus; das Postamt war unbesetzt, die Tür unverschlossen. Bei einem dritten schob mir die Postfrau ihre beiden Kinder in die Tür – für ein Foto. Inzwischen pinkelte der Hund gegen mein Rad. Erst bellte er vor Freude über den gelungenen Streich; als ich laut lachte, bellte er vor Schreck. Wo beginnen, wo aufhören bei einem Irlandpuzzle?

Stille Berge, steinige Inseln

Eine Indianerin, eine Navajo, hatte mir einmal – ohne daß sie mein Land kannte – geschrieben, wie sie es sich vorstellte. Sie sprach in ihrem Brief von »rolling hills«, von einem Himmel »blue as turquoise«, mit »big fluffy clouds«. Unbewußt hatte sie damit das Irland beschrieben, das ich nun durchradle. Über welligen Hügeln spannt sich ein türkisblauer Himmel voller Federwolken. Auch der Segenswunsch, den ich im »Scotsman« gelesen hatte, stimmt noch immer. Den Wind im Nacken, die Sonne auf der Stirn, nähere ich mich langsam den Bergen.

Der *Doo Lough!* Das zauberhafte Landschaftsbild wird durch den See noch gesteigert. Der Himmel hat den *Sheffry Hills* etwas von seinem Blau abgegeben, ohne dabei selbst zu verblassen. Die Wasserfläche ist nun der Spiegel für beide. Als der Ingenieur G. D. Oliver im Jahre 1896 die »Dhulouch Pass Road« baute, konnte er nicht ahnen, daß er damit ein Traumsträßchen für Radler schuf.

Es folgt die »Balustradenfahrt« entlang des Fjordes *Killarny Harbour*. Die Straße wird zur Aussichtsrampe. Nun läßt sie mich aus der stillen Bergwelt eintauchen in eine Natur mit üppiger Vegetation: hohe Kiefernwälder statt vom Wind verkrüppelte Bäume, bunte Blumenwiesen statt der unifarbenen Torfmoose. Der *Eriff River* fällt die letzten Meter ins Meer, macht das Landschaftsbild dadurch noch reizvoller.

Nach Stunden komme ich wieder in das erste richtige Dorf: *Leenane.* »Gaynor's Bar« ist gleichzeitig ein »Family Grocer«; die »Field Bar« nennt sich auch »Shop«; »Hamilton's Bar« fungiert als »Food market«. Über der Tür des Postamtes hängt ein Schild: »Guinness«. Eine solche »Symbiose« findet man wohl nur hier in Irland. Dazu paßte eigentlich »Irish stew«. Zum x-ten Mal probiere ich es in einer Kneipe – und bin wieder nicht enttäuscht! Ich sollte dabei bleiben.

Es gibt Worte, die zergehen wie Konfekt auf der Zunge. Eines davon ist *Connemara.* Manche Naturfans sprechen es euphorisch aus, manche fast andächtig. Es ist ein Stückchen Irland, das man anderen neidet. Ich komme nicht weit – ganz einfach, weil ich bleiben muß.

Mein Zelt steht da wie das eines Feldherrn. Ob Schlachtgetümmel oder Naturschauspiel, beides läßt sich von hoher Warte besser beobachten. Als es dann über Connemara dunkelt, senken sich die Schatten der Wolken auf die Landschaft. Die Berge versinken in den Seen, die Moore ufern aus, überwuchern alles. Langsames Nachtwerden am Fuße der *Maumturk Mountains.* Ich bedaure, den Kocher anzünden zu müssen, weil sein Fauchen die Stille stört.

Am frühen Morgen – die Sonne ist noch nicht aufgegangen – spult die Natur den Film lautlos zurück: Die Moore begnügen sich wieder mit den Niederungen, taunaß tauchen die Berge aus den Seen auf. Langsam weichen die Schatten vor der Flut des Lichtes. Doch heute finden sie nicht an den Himmel zurück, er bleibt wolkenlos. Tagwerden in Connemara!

Unter den Schafen hat es sich herumgesprochen, daß es hier etwas zu bestaunen gibt: ein Tier mit zwei runden Beinen und einen grünen Felsen, der trotzdem nicht mit Gras bewachsen ist. Sie hatten wohl bisher noch kein Mountainbike und kein Tunnelzelt gesehen. In Trupps kommen sie herbei, blöken ratlos oder entleeren vor Schreck ihre Blase. Es sind wirklich Rad und Zelt, was die Tiere anlockt, mich ignorieren sie.

Läge nicht noch halb Irland vor mir, ich schlüge hier Wurzeln. Ein paar Wochen und ich wäre ein Wesen aus einer anderen

Die letzten Meter fällt der Eriff River hinunter zum Meer

Welt. Aber die Karte mahnt: *Aran-Inseln, Burren, Dingle, Kerry*... Das Land mißt kaum 400 Kilometer zwischen den Küsten. 1 000 liegen hinter mir, 1 000 gilt es noch zu erradeln. Es ließen sich auf Umwegen eben viele Erlebniskilometer aus dem kleinen Irland herausholen.

Traumfahrt am Fuße der Berge, genauso träumerisches Treten entlang der Seeufer. Doch jede Radumdrehung bringt das Unvermeidliche näher, die Hauptstraße nach *Galway.* Da hilft nur eines: der nächste Umweg.

Das Sträßchen ist klein, sehr klein – vernachlässigt vom Verkehr, vernachlässigt von denen, die für das Aufstellen von Wegweisern verantwortlich sind. Dafür führt es mich zurück ins stille Irland.

Auf Piste in den Bergen Connemaras

Vor Urzeiten waren Gletscher den gleichen Weg gegangen. Sie hatten in der Landschaft ihre Handschrift hinterlassen: Seen, Felsblöcke, die wie Dekorationsstücke herumliegen. Es sieht aus, als seien letztere dem Eis zu schwer geworden, um sie bis ins Meer zu schieben. In einer solchen Natur lohnt das Langsamfahren.

Eine Bibliothek auf Rädern – sie parkt vor einem Geschäft – läßt mich ganz anhalten. Der Fahrer akzeptiert den neugierigen Frager. Er betreut das Gebiet um Galway. An Bord des Busses hat er 2 500 Bände.

»Und was liest man so auf dem Land?« frage ich ihn.

»Die Frauen lieben Love-Storys. Die Männer – besonders die älteren – bevorzugen Cowboygeschichten, die Jugendlichen Historisches.« Ich staune – nicht über die Frauen, sondern über die alten Männer und noch mehr über die Jugend. Auch ich könne mir ein Buch ausleihen, macht mir der Mann das Angebot, zurückzugeben in zwei Wochen an gleicher Stelle.

Von den Gletschern zurückgelassene Riesenmurmeln

Ich lächle. »In zwei Wochen, da werde ich wohl unten in Kerry sein.«

Ein Dankeschön für die freundlichen Auskünfte, und weiter geht es – wieder ganz langsam. Ich möchte nichts verpassen.

Rossaveel! Nachdem ich mich verfahren habe, finde ich den Ort doch noch – es gibt auch überflüssige Umwege. Von den drei Fährverbindungen hinüber auf die Aran-Inseln ist zur Zeit, das hatte man mir gesagt, nur eine in Betrieb, die von hier. So brauchte ich nicht zu wählen. Doch auch in Rossaveel ist das »Ticket Office« geschlossen, nicht einmal ein ausgehängter Fährplan findet sich. Da hilft nur fragen.

Man schickt mich ins »letzte Haus, unten an der Ecke«, die Frau, die dort wohnt, wisse alles. Tatsächlich bekomme ich bei ihr eine Karte für die Insel *Inishmore*, doch wegen der Rückfahrt muß sie erst bei den »Aran Ferries« anrufen. Das Schiff, so sagt sie mir, lege links an. Links, so zeigt mir ihre Handbewegung, ist der ganze Hafen von Rossaveel. Dort warte ich nun und betrachte mir den Rost, der hier vor Anker liegt: die »Star of Faith«, die »Fairweather«, die »Ocean Harvester«. Als die »Doolin Ferry« einläuft und ich das Ticket vorweisend an Bord gehen will, winkt man ab: »Falsches Schiff! Das Ihre kommt noch!« Es folgt die »Aran Seabird«. Ihr Ziel ist zwar Inishmore, doch sie fährt unter »anderer Flagge«. Beim »Aran Flyer«, der wenig später einläuft, bin ich richtig. Unpräzise Auskünfte sind wie fehlende Straßenschilder.

Vier Frauen, ein Mann und zwei Jungen steigen mit ein. Mein Rad wird an Bord gehievt. Das halbe Dutzend Passagiere dürfte nicht einmal die Kosten für den Dieseltreibstoff wieder einbringen, doch dann kommt noch ein Bus mit Touristen. »Lacoste«-T-Shirts quellen an Bord, »Yacht-Club« und »Air New Zealand«.

Der Dichter Yeats war es wohl, der die Aran-Inseln mit Haien verglich, die auf See schlafen. Aber die »Flyer« nähert sich den Inseln aus der falschen Richtung. Die Silhouette stimmt nicht. Erst später, von der Küste des *Burren* aus, sollte ich den Vergleich nachvollziehen können. Da schwammen wirklich drei Riesenfische: schlafende Felsen.

Als wir auf Inishmore anlegen, schreit mein Innerstes sogleich Protest. Welche Lobgesänge hatte ich über die Aran-Inseln gelesen – und nun dies! Vor dem Hochkreuz, am zentralen Punkt des Inselortes *Kilronan* stehend, erblicke ich mit einer Wendung den »Fisherman« (immer voll, wie man mir später sagt), das »Bay View House«, das Restaurant »The old Pier«, ein noch namenloses Lokal und die »American Bar«. Dazu unten an der Hafenmauer ein halbes Dutzend Sweets-, Snacks- und Chips-Buden. Auch Pat Mullin's Fahrrad-Verleih – er ist nicht der einzige im Ort – habe ich noch im Blick. Über die vielen dort parkenden Mountainbikes erstaunt, spreche ich einen jungen Burschen an. Er meint, ich solle einmal heute abend vorbeikommen, dann könne ich Fahrräder sehen. Bis dahin seien die meisten zurückgegeben. So um 300 Bikes verstopfen dann die Zufahrt. Ich stehe, staune und schlucke – nenne alle Reiseführerschreiber Lügner!

Diese Inseln mußten Riesensprünge in eine touristische Zukunft gemacht haben. Kaum eine Generation war es her, da standen an dieser geschäftigsten Ecke Kilronans ganze drei Wohnhäuser. Damals nutzte man noch die von den Gletschern polierten Kalksteinfelsen als Tanzfläche. Die Bewohner der Insel trugen »pampooties«, das sind Sandalen, die sie über Nacht in Wasser legten, damit sie nicht drückten. Trockneten sie tagsüber aus, so ging man mit ihnen ein paar Schritte ins Meer. Die kleinen Jungen kleidete man in rote Petticoats und nicht in »breeches«, die üblichen Kniehosen. Denn, so glaubte man, der Teufel hielte sie dann für Mädchen, und der lockte doch nur Jungen aus dieser Welt fort. Das klingt nach Mittelalter, doch so stand es in einem Artikel im »National Geographic – Inishmore 1931«. Vierzig Jahre später gab es auf den Inseln noch immer keinen elektrischen Strom – von ein paar privaten Generatoren abgesehen. Verglich man solche Berichte mit der Gegenwart, so mußten diese Menschen erst vor kurzem in die Neuzeit katapultiert worden sein. Jetzt schossen sie über das Ziel hinaus.

Auf dem weiteren Weg durch Kilronan begreife ich sehr schnell, daß ich hier keine Münzen mit der Königin von England loswürde, dafür könnte ich Plastikgeld einsetzen – sämtliche Kreditkarten. Nur mit Mühe finde ich ein freies Bett – und dies weit vor der Saison! Am nächsten Morgen gibt es Butter und Marmelade abgepackt wie im Flugzeug. Neuzeit-irisches »B & B«.

Mit dem Wochenende endet auch die »Okkupation« der Insel. Jede Fähre, die am Sonntagnachmittag in Kilronan ablegt, bringt eine Hundertschaft Touristen und Ausflügler zum Festland zurück. Auf Inishmore wird es still.

Montag morgen – jetzt kann ich die Insel in Ruhe genießen. Je weiter ich mich von Kilronan entferne, desto schöner wird sie. Drei Traktorengespanne begegnen mir. Das erste fährt die Milch aus, und das zweite holt die übers Wochenende leergetrunkenen Guinnessfässer ab. Das dritte ist mit Schuljungen besetzt, die anderes Leergut einsammeln: Bierflaschen und Getränkedosen, die nicht den Weg in die Mülleimer oder zurück in die Kästen gefunden hatten – die Visitenkarten nachlässiger Urlauber.

Ohne Pferd ist das Leben der Bewohner von Aran kaum lebenswert

Ich registriere Alltagsbilder: Ein Mann repariert das Strohdach seines Cottages. Ein anderer kalkt die Wände. Ein dritter führt seine Tiere, Esel und Ziege, auf die Weide. In einem alten Aran-Lied heißt es:

> *I pity a man without a cow,*
> *I pity a man without a sheep,*
> *But in the case of a man without a horse*
> *It's hard for him to be long in the world!*

Ein Mann ohne Kuh tut mir leid,
Ein Mann ohne Schaf tut mir leid,
Aber wenn ein Mann kein Pferd hat,
Dann wird er nicht lange auf dieser Welt bleiben.

Es gab Zeiten auf den Inseln, da reichte es nicht für ein Schaf, erst recht nicht für eine Kuh. Aber Männer, die ohne Pferd nicht lange auf dieser Welt leben könnten, gibt es hier wohl genug; mehrfach begegnen mit Pferdegespanne.

Ich erforsche weiter die Insel, geistere durch Ruinen, klettere auf den Klippen herum, gehe wie ein Botaniker auf Blumensuche. Schon ist der Tag zu Ende. Ich werde noch etwas bleiben müssen!

Niemand hat je die Länge der Steinmauern auf den Aran-Inseln genau gemessen. Es sollen 10 000 Meilen sein! Über Jahrhunderte hatten die Menschen in mühevoller Arbeit die Steine zusammengetragen und aufgeschichtet. So wurde der Grund für ein paar karge Felder geschaffen. Und da es fast nur Fels und kaum Erde gab, schufen sie sich diese selbst: aus Tang und Sand von der Küste. Die Fruchtbarkeit der Aran-Inseln ist das Generationswerk eines geschäftigen Volkes. Im Süden Inishmores sind die aufgeschichteten Mauern so hoch, daß ich die Übersicht verliere und mich in dem steinernen Labyrinth verlaufe. Hier könnte man ganz gut den Faden der Ariadne gebrauchen.

Nicht nur simple Mauern, sondern auch andere Steinschichtungen gibt es auf der Insel: frühzeitliche Behausungen, alte Kirchen, Wehranlagen. Eine von ihnen, *Dun Aengus,* steht auf der Raritätenliste der Prähistoriker ganz oben. Und es ist wirklich so, wie die Mertens in ihrem Irlandführer schreiben: Man geht immer bergwärts auf den höchsten Punkt der Insel zu. Außer im Nebel ist Verirren unmöglich. Die Festung beginnt mit einem Kranz steinerner Palisaden. Es folgen Ringwälle, dicker als Burgmauern. Aber dort, wo man den eigentlichen Festungskern vermutet, ist plötzlich nichts mehr - nur ein Stückchen Plateau. Ein Schritt zu weit, und es folgte der lange, freie Fall über die Klippen. Die Verteidiger von Dun Aengus mußten mit dem Rücken zum Abgrund gekämpft haben. Es ist wirklich eine der seltsamsten Wehranlagen, und die Wissenschaft wird noch lange rätseln können.

Abend auf Inishmore. Die schon tiefstehende Sonne malt feurige Bänder an den Himmel und hinterlegt die Steinmauern wie mit Glut. Möwen nutzen die letzte Thermik über den Klippen. In lautlosem Schleifenflug lassen sie sich von ihr tragen. Kein Neidgeschrei mehr, nur noch Spiel im Wind. Bei einer solchen Stimmung könnte *Hy-Brasil* aus dem Meer auftauchen. Alle sieben Jahre soll diese Insel für kurze Zeit vor der Küste Inishmores

sichtbar werden. Doch die See bleibt ruhig; ich müßte wohl im
richtigen Jahr wiederkommen.

Mit der »Aran Flyer« fliege ich zurück zum Festland – um ein
Erlebnis reicher, aber wie auf Achill Islands auch mit der Er-
kenntnis, daß ein entdecktes Paradies bald keines mehr ist.

Heute hetzen mich Gewitter. Daß ich die Stadt *Galway* erreiche,
ohne von ihnen eingeholt zu werden, ist eher Zufall. Bei dem
schon so unangenehm nahen Grollen wähle ich nicht lange.
Jedes »B & B« ist mir recht. Trotzdem wird es ein Volltreffer bei
Mrs. Coneely. Ein bißchen miteinander plaudern, und schon
reden wir uns wie selbstverständlich mit Vornamen an. Freundschaft bei Tee und Kuchen. Zu Unas Service gehört auch das
Angebot, mir meine schmutzige Radlerwäsche zu waschen. So
weit war die Gastfreundschaft noch nie gegangen, selbst nicht bei
Mrs. Kavanagh.

Unser Gesprächsthema ist natürlich Irland. Bei noch mehr Tee
und »porter cake«, der übrigens mit einem Schuß Guinness ge-
backen wird, streifen wir in unserer Unterhaltung durchs Land
und durch seine Geschichte. Inishmore ist das Stichwort. Una
Coneely stammt von der Nachbarinsel *Inisher;* jetzt steht sie auf,
geht zum Bücherbord und zieht eine Zeitschrift heraus, eine alte
»National Geographic« von 1971. »Das habe ich bisher nur ganz
wenigen gezeigt«, sagt sie, schlägt das Heft auf und legt es vor
mich auf den Tisch. Erstaunt lese ich: »The Arans, Ireland's
invincible Isles – Die Arans, Irlands unbesiegbare Inseln«. Una
kommentiert die Bilder: »Das sind meine Eltern. Unsere Küche... Das Mädchen mit den roten Strümpfen bin ich. Ich habe
mich damals so vor dem Fotografen geschämt...« Da hatte mir
der Zufall ja eine ungewöhnliche Bekanntschaft beschert!

Galway ist eine urtypisch irische Stadt – und damit natürlich
musikalisch. Nicht wenige der Pubs beschallen abends die Bürgersteige. Eigentlich könnte ich hier wählen, aber man soll sich
davor hüten, die Wiederholung eines schönen Erlebnisses zu
suchen. Die Musik aus dem »Scotsman« klingt mir noch immer
in den Ohren, und so belasse ich es bei dieser Erinnerung.

Nur wer sich reckt, sieht etwas

Dafür bin ich am nächsten Morgen ganz früh auf den Beinen. Ich schlage mit dem Rad einen weiten Bogen um die Stadt: hinauf nach *Annaghdown,* an den *Lough Corrib* – was für ein wunderbares Stück Natur! –, nach Osten, durch ein verschlafenes Stückchen Irland am mittleren Clare weit hinunter nach Süden zu den Ruinen und dem Rundturm von *Klimacduagh.* Schließlich stehe ich vor dem berühmtesten Baum Irlands, dem »Autograph Tree«. Bernard Shaw, Yeats und ein Dutzend anderer Dichter und Denker hatten sich in seiner Rinde verewigt. Bäume überleben Menschen!

Auf der Rückfahrt nach Galway – ich werde wohl in die Nacht kommen – passiere ich ein graues Haus. Solche Häuser sind in Irland nichts Besonderes. Alles Alte auf der Insel ist grau. Mit den Steinen, die die Natur den Menschen als Baumaterial anbot, bestimmte sie auch die Farbe des Mauerwerks. Doch seit dem Erlebnis von Ropefield sind graue Häuser für mich wie ein Signal. Verstecktes gibt sich nie bunt!

Ich bin an dem Haus bereits vorbei, als es in meinem Kopf »klick!« macht. Da war doch etwas! Ich wende, fahre zurück. Das Etwas ist ein kleines Brett, hochkant neben die Tür gestellt und durch ein altes Eisengewicht, wie es die Iren heute noch nutzen, um sich im Weitwurf zu messen, am Umfallen gehindert. Doch das eigentlich Besondere daran ist seine Beschriftung. Der Text lautet in etwa so und ist gedanklich zu ergänzen: »Ich habe noch einen Liter Milch vorrätig. Kauft sie doch bitte, sonst wird sie schlecht!« Ich stehe vor einem Geschäft, namenlos, ohne Reklame, nur ein graues Haus. Absteigen und Hineingehen ist eins. Das kann ich mir nicht entgehen lassen.

Drinnen stelle ich meine Augen auf Weitwinkel, so kann ich das Wohnzimmer des Besitzers – die Tür steht offen – gleich mit einbeziehen. Mein erster Gedanke ist, ein Schild aufzuhängen: »Heimatmuseum«. Das Büfett samt Inhalt ist eine Rarität. Ich blicke nach links: ein Verkaufstresen, der mit alten Reklameschildern abgedeckt ist. So eisenbeschlagen und emailliert unterliegt er jetzt keiner Abnutzung mehr. Den Mann dahinter schätze ich auf 80; auf ein Jahrzehnt kommt es in dieser Umgebung nicht an. Er lächelt mir erwartungsvoll zu. Vielleicht ein Käufer für den

Hochkreuze prägen das Bild irischer Friedhöfe

Ihm wünsche ich immer ehrliche Kunden

Liter Milch? Ich möchte den Alten nicht ganz enttäuschen und frage nach Schokolade, »Chocolate with nuts«. Während er zu suchen beginnt, schaue ich weiter mit Weitwinkelaugen. In den Holzregalen steht, liegt ein wahres Sammelsurium von Gegenständen bis hin zu alten Waagen, dazwischen mehr Lücken als Lebensmittel. Die Fensternische ist durch ein Brett unterteilt: oben eine kleine Marienstatue, darunter das, was ich suche: irgendwelche Schokoriegel. Auch der Mann hat was gefunden und legt es nun vor mich hin: »Sorry, leider nichts mit Nüssen!« Um sein Angebot zu ergänzen, nimmt er einen Riegel aus dem Fenster und legt ihn dazu. Wie oft, so denke ich, mag die Sonne diesen schon verflüssigt und die Nachtkühle ihn wieder gehärtet haben? Ich lächle und nicke dem Alten zu: »Gut, ich nehme beide!« Er nennt mir den Preis: »Das macht achtundzwanzig Pence... und das vierzehn Pence. Sein Zögern war wohl das Nachdenken über die Höhe des Preisnachlasses für das Stück aus dem Fenster. Dann streicht er sich mit der Hand übers Kinn, beugt sich mir entgegen: »Wieviel ist das zusammen?«

Für mich kommt diese Frage nicht ganz überraschend. Auf dem Tresen steht eine Rechenmaschine, ein antikes Modell mit hoch herausragenden Tasten wie bei alten Schreibmaschinen. Daneben liegt ein großer Notizblock voller Zahlenkolonnen. Der mechanische Mathematiker funktioniert also nicht mehr – und wohl auch nicht mehr so recht der Kopf. Statt ihm seine Frage zu beantworten, lege ich eher gedankenverloren eine Einpfundmünze auf den Tresen; ich will den Mann wirklich nicht prüfen. Alter verdient Respekt. Er zählt mir das Wechselgeld vor – aber ganz anders, als es üblich ist: nicht aufsteigend von den fehlenden Pennies bis zum nächsten Zehner und dann das Halbpfundstück, sondern ein buntes Münzgemisch Kleingeld. Stumm und bedächtig formt der Alte daraus eine lange Reihe, ganz so, als wolle er damit sagen: »Schau einmal, was es in Irland alles für Münzen gibt!« Nun ist er fertig, ein fragender Blick: »Stimmt's?« Ich habe mitgezählt. Es fehlen genau zwölf Pence. Ich protestiere nicht, ich lächle ihn nur an. Die Differenz ist fürs Erlebnis. Doch von diesem möchte ich gern eine Erinnerung als Bild. So bitte ich den Mann um die Erlaubnis, von seinem Geschäft ein Foto machen zu dürfen – ohne ihn, falls ihm das lieber ist. Der Alte hat zwar keine Einwände gegen ein Ladenfoto mit Besitzer, nur sein Rechenblock soll nicht mit aufs Bild. Eine schnelle Handbewegung, und dieser ist unter dem Tresen verschwunden. Ich bedanke mich höflich und wünsche dem Mann zum Abschied stumm immer ehrliche Käufer.

Graue Häuser – sie beherbergen Geschichte. Wieder hatte ich ein Stück altes Irland entdeckt, nach dem alle auf der Suche sind.

Abschied von Galyway, Abschied von Una Coneely. Hände so sympathischer Menschen schüttelt man gern! Ich hatte Una vom Erlebnis im »Scotsman« erzählt, und so fragt sie mich noch: »Möchtest du ein paar richtige Pubs kennenlernen, origineller noch als der ›Scotsman‹?« Jetzt befinden sich auf meiner Karte drei Markierungen, und in meiner Tasche steckt ein Zettel mit drei Namen. »Wenn du dort vorbeikommst«, sagte Una, »dann schau hinein – egal zu welcher Tageszeit. Das ist das Irland, das du suchst!« Wie recht sie haben sollte!

Alte Pubs und ein graues Haus

Südkurs, Rückenwind, viel mehr Sonne als Regen – alles wie gehabt. Vor mir liegt nun der *Burren*. Der Name klingt mürrisch. Auch die Natur wirkt auf Distanz abweisend. Viel nackter Fels, Steinmeere, »Kirchenfußböden«, geschaffen von der Erosion. Trotzdem nehme ich mich des Gebietes mit besonderer Sorgfalt an. Ich kreuze die Berge von Nord nach Süd, fahre eine Schleife und wiederholte die Tour mit Ost-West-Kurs. Sogar den Burrenweg nehme ich, das Bike schiebend, unter die Räder – fast zuviel für Muskeln und Material, denn der Höhenweg ist etwas für Wanderstiefel.

Die Mühe lohnt sich. Um diese Jahreszeit ist das Kalksteinmassiv der »botanische Garten« Irlands. Millionen von Orchideen, Enzian, Silberwurz, Steinbrech, Storchschnabel..., die ganze Farbenpracht des Frühlings ist jetzt hier zu sehen. Unglaublich der Kontrast zwischen totem Gestein und dem bunten Leben, das sich in Spalten und Auswaschungen versammelt hat. Ich schwitze vor Anstrengung, verfluche das bepackte Rad – aber schwelge in dem Farbenmeer.

Doch der Burren bietet noch viel mehr als botanische Höhepunkte. Wer alte Kirchen und Kreuze mag, der wird an dem Ort *Kilfenora* nicht vorbeifahren, wer Prähistorisches liebt, kann Befestigungen, Grabstätten und Siedlungsreste aufspüren; dabei ist der Dolmen von *Poulnabrone* für ihn ein Muß. Wem das alles noch nicht genügt, dem bietet sich ein Abstieg in die Unterwelt an: in die Höhle von *Aillwee*. So gehört der Burren zum irischen Erlebnisalphabet: A wie Aran-Inseln, B für den Burren, C für Connemara, D für Donegal. Ich kenne inzwischen alle diese Buchstaben.

Schon wieder haben sich die verschiedensten Erlebnisse ange-
staut – Kleinigkeiten, die zum Inhalt einer solchen Reise gehören, aber auch Glanzlichter. Und dann die drei Tips von Una:

An einem Nachmittag erreichte ich das erste Pub. Seine Wände
waren entsprechend dekoriert. Ein Schild »Parking for Irish only.
All others will be towed!« besagt scherzhaft: »Hier haben nur
Iren etwas zu suchen; alle anderen fliegen raus!« Das Inventar
bestand aus einer Sammlung unterschiedlichster Stuhlmodelle.
Nicht wenige davon zwangen beim Sitzen zum Haltungannehm-
men. Dem Pub vorgeschaltet – und das gehört sich so bei einem
richtigen Pub – war der Kramladen. Dort, wo die Regale mit
Toilettenpapier, mit Tütensuppen und Brikettanzündern endeten, begann der Biertresen. Der Durchgang zum Pub war schmal
– nur etwas für Nüchterne. Das Besitzerpaar hatte dieses Problem auf einfache Weise gelöst: Sobald die Kneipe sich füllt, wird
eine dicke Plastikplane vor den Regalen runtergelassen. Sie
schützt deren Inhalt vor den Ellenbogen der Männer, die nach
draußen möchten. Solange dieser Vorhang nicht endgültig fiel,
pendelte die betagte Wirtin, irgendwelche Melodien vor sich hin
summend, zwischen Zapfhahn und Ladentheke hin und her.
Hier ein Kunde, da ein Kunde. Die Katze lief den Weg immer mit
und scherte sich nicht um das: »Nun mach doch endlich Platz,
Tully!« Gesungen wurde in dem Pub an diesem Tag nicht. Es gab
einen Grund: Man schaute TV. Die kleinen Männer standen in
den vorderen Reihen, die großen dahinter. Man stand, weil der
Adrenalinspiegel so hoch lag. Übertragen wurde das Rückspiel
Donegal–Dublin. Nach dem Schlußpfiff gab es auch keinen
Grund mehr zum Singen: Die »boys« hatten das Spiel verloren.
Das Glück war vom vielen »Good luck Donegal!« unbeeindruckt
geblieben. Trübsal machte sich im Pub breit – eine Schweigemi-
nute, nur viel länger als damals im »Scotsman«.

Den nächsten Tip von Una erreichte ich am folgenden Tag
gegen elf. Ich mußte etwas suchen, denn als richtiges Pub verzich-
tete auch dieses auf große Reklame. Außer dem Wirt war nur ein
Gast anwesend, und vor diesem lag auf dem Tresen ein Wust von
Papieren. Ich hatte den Eindruck, daß es sich bei dem Mann um
einen Steuerprüfer handelte.

Der Wirt war ein Exemplar mit besonders trockenem Humor, so originell wie die Flaschensammlung in den Regalen. Una hatte mich darauf vorbereitet: »Da wirst du Flaschen von Getränken sehen, die viele gar nicht mehr kennen!« Das von mir bestellte »pint« Guinness stellte der Wirt mit der Bemerkung vor mich hin: »Du wirst das ja wohl nicht alleine trinken wollen; da drüben sitzt noch einer!« Dabei deutete er mit einem Kopfschwenker in Richtung des anderen Gastes. Ich wollte nicht, nahm Schulterkontakt mit dem Fremden. Er hieß John Bloomfield, war Engländer und kein Steuerprüfer, sondern Sammler, einer von der Art, wie man sie wohl nur an solchen Orten treffen kann. John Bloomfield sammelte Grabinschriften – und wie Numismatiker oder Philatelisten natürlich das Besondere.

»Was suchen Sie denn Spezielles?« fragte ich ihn.

»Die von ausgestorbenen Geschlechtern, ausgestorben durch Krieg, Rachemorde, sonst ein besonderes Schicksal...«, antwortete der Engländer und lachte auf mein »...oder weil sie einfach keine Kinder zeugten!« still in sich hinein. Irgendwie war ihm zu Ohren gekommen, daß der Wirt des Pubs eine Grabinschriftensammlung besaß, und in dieser schwelgte nun John Bloomfield wie die Bibelforscher in dem Schriftrollenfund vom Roten Meer.

»Wie alt ist eigentlich Ihr Pub?« fragte ich dann irgendwann den Wirt. Auf eine trockene Antwort gefaßt, bekam ich sie denn auch. Er machte eine Kopfbewegung Richtung Spiegel an der Wand, einem schwarzgerahmten, alten Stück: »Der hängt schon seit hundert Jahren dort!« Jetzt wußte ich es!

Ich wollte gerade gehen, als drei Herren eintraten, alle drei bebrillt, alle drei unverkennbar »studiert«.

»Ist das Ihr Rad?« sprach mich einer von ihnen an. Als ich das bejahte, hakte er nach: »Wenn Sie auf diese Art reisen, dann haben Sie sicher ein Auge für die Natur!« Und prompt folgte eine Einladung: »Wir wollen hier nur kurz etwas trinken, dann fahren wir hinauf zum *Black Head*. Kommen Sie mit? Wir zeigen Ihnen eine ganz seltene Blume!«

Beim Händeschütteln erfuhr ich, daß ich es mit drei pensionierten Biologen zu tun hatte. Sie spendierten mir noch einen

Hier kann man sein Guinness noch bei Brot und Käse am Tresen trinken

Saft – auch das gibt es in Pubs –, dann stieg ich zu ihnen in ihren roten Kleinbus. »Wir bringen Sie in einer halben Stunde zurück!« versprach mir der Biologe, der mich zu der Exkursion eingeladen hatte.

Wir fuhren. Die halbe Stunde war um. Wir fuhren noch immer. Irgendwann hielten wir an und wendeten. Die seltene Blume wuchs eine Meile weiter zurück. Der älteste der drei hatte sie bei einer Burrenwanderung entdeckt, die Stelle aber nicht markiert. Er orientierte sich nach dem Gedächtnis. »Stopp! Ausschwärmen!« Ich konnte den Herren wenig behilflich sein, wußte ich doch nicht, was sie suchten. Wie Treiber gingen die drei auf Jagd.

»Hier ist sie!« Der Freudenruf brachte die Männer wieder zusammen. Ich staunte: Drei betagte Herrn fielen wie zum Gebet auf die Knie. Der Finder zog eine Lupe aus der Tasche, senkte seine Nase bis ins Gras: »*Ajuga pyramidalis!... Ajuga pyramidalis!* Das ist sie wieder! Hier hatte ich sie auch das erste Mal gesehen. Ich wußte gar nicht, daß es sie bei uns überhaupt gibt!«

Nun mußte auch ich schauen, und was sah ich? Ein Pflänzchen wie eine verkümmerte Taubnessel, ein Günsel am falschen Standort – kurz: eher eine kleine Häßlichkeit. Ich machte eine Miene wie jemand, der Essig getrunken hat und »Oh, wie süß!« sagen soll.

Nach genau vier Stunden waren wir zurück – schließlich gab es noch mehr Raritäten zu bestaunen. Fazit dieser botanischen Exkursion: Man sollte hierzulande nicht nur genannte Distanzen, sondern auch Zeitangaben recht großzügig auslegen. Die *Ajuga pyramidalis* war dann letztlich schuld daran, daß ich an jenem Tag mit der Zeltplatzsuche arg in Bedrängnis kam.

Fehlt noch das Erlebnis im dritten Pub, das mir Una empfohlen hatte. Ich will es kurz machen: Bei Joseph McHugh stand ich auf steinernem Fußboden aus Platten so groß wie für Grabstellen. Statt Stühlen gab es zwei Sitzbänke. Die Wanddekoration verriet den Windhundliebhaber. Von der niedrigen Decke hingen Vogelbauer und Fliegenfänger. Der Verkaufstresen des Geschäftes – dessen Hauptteil ein vollgepacktes Regalbrett über der Tür war – ging nahtlos in den des Pubs über. Ich trank mein Guinness mit Blick auf Bonbongläser, konnte ungeniert mein eigenes Brot und den Bauernkäse mit Kümmel auspacken, und niemand hatte etwas dagegen, daß ich den Biertresen vollkrümelte. Das Pub von Joseph McHugh war ein altes Stück Irland, ein Relikt. Und als ich weiterfuhr, nahm ich mir vor, niemandem zu verraten, wo man es findet – ganz einfach, weil entdeckte Paradiese bald...

Liebenswertes und Kauziges sind verwandt. Beides findet man in Irland reichlich. Ich bin an den *Cliffs of Moher* und mache dort eine Bekanntschaft, die in die letztere Kategorie paßt. Er nennt sich Michael Nagle, kommt aus *Caherbarna* und hat sich das mit dem Arbeiten überlegt. Mike schickt seinen Hund vor. Der Vierbeiner hört auf den Namen Smoky.

»Wenn du ein Foto von ihm machen möchtest«, so der viel-

Ein vorsichtiger Blick in die Tiefe von den Cliffs of Moher

leicht Vierzigjährige, »dann kostet das...« Ich will, denn der Hund hat es sich auf Mikes Esel bequem gemacht, und reitende Hunde sieht man sonst eigentlich nur im Zirkus.

»Warum Smoky?« erkundige ich mich. »Ich hatte einen Kollegen – klein und Kettenraucher –, den nannten wir auch so.«

Mike erklärt es mir: »Erst fraß der Hund Katzenfutter, dann fing er an zu trinken, seit einiger Zeit raucht er!« Smoky scheint inzwischen auf dem Esel eingeschlafen zu sein. Sein Herrchen erzählt langweilige Geschichten.

Die größere Attraktion sind natürlich die Klippen – gewaltige steinerne Monumente. Von Urkräften an der Küste eingerammt, bieten sie der See die Stirn, verteidigen so das Land. Ich robbe auf dem Bauch vor, blicke über die Kante und sehe, daß ich auf einem Überhang liege. Der Fels wird bestimmt nicht kippen, aber mein

Magen sieht das anders, er schrumpft vor Angst. Man sollte besser hinter der Absperrung bleiben!

Erst mit dem Tele nehme ich die Bewohner der senkrecht abfallenden Wände wahr – schwindelfreie Flugkünstler, die auf kleinen Vorsprüngen brüten. Man könnte neidisch werden. Etwas die Aussicht genießen, und weiter geht es. Das kleine Irland ist für mich noch immer groß.

Eine Zeltnacht an der *Liscannor Bay*, dann *Milltown*, *Quilty*, *Creegh*... die Orte fliegen nur so vorbei. Der Wind hebt mich über die Hügel, fast federleicht komme ich voran. In der Aufzählung fehlt *Rineen;* ich muß es nachtragen.

Eigentlich bemerkte ich nur seine Schule – wo war das Dorf? Sie stand auf freiem Feld, groß und grau wie die irischen Kirchen. Hätten ihre Erbauer einen Turm darangesetzt, es wäre wirklich eine Kirche geworden. Seit einem Jahrhundert – das ergab der Grundstein – trotzte sie da, buchstäblich erdverwachsen. Ich hatte Kaufläden gesehen, Pubs, Wettbüros, Kohlehandlungen, Schusterwerkstätten, aber noch keine Schule, zumindest nicht von innen. Also Mut – und anklopfen. In der Tür erschien ein blonder Kopf: »Yes, please?«

Ich stellte mich vor, sagte mein Sprüchlein: »...mit dem Rad durch Ihr Land... habe schon... aber noch keine Schule. Dürfte ich vielleicht...?« Der Rest ergab sich von selbst.

Die Lehrerin, Mrs. Quinn, wandte sich an die Klasse: »Dieser Herr kommt aus Deutschland. Er fährt mit dem Fahrrad durch unser Land!« Fünfzehn Augenpaare wurden groß, fünfzehn kleine Münder rund. Ich spielte Lektor, sagte ein paar Worte über meine Reise und erzählte den Kindern etwas über *mein* Dorf, über *unsere* Schulen. Selbstverständlich durfte ich das erbetene Foto machen, sollte es machen, denn die Lehrerin konnte ein Bild für die Wand des Klassenzimmers gebrauchen. Nur, das fragte ich mich, wo wollte sie dieses denn hinhängen? Alle Wänden waren sozusagen tapeziert mit Postern, Bastelarbeiten und Zeichnungen aus Kinderhand. Ein Blick in die Schule von Rineen, und ich begriff: Hier wurden die Kinder noch spielerisch auf das Leben vorbereitet.

Noch ein bißchen schauen, ein kleiner Plausch. Plötzlich legte mir Mrs. Quinn das Gästebuch vor: »Würden Sie bitte…« Ans Autogrammgeben werde ich mich nie gewöhnen, aber ich erfüllte den Wunsch der Lehrerin. Als ich mich mit einem »Sorry« für die Störung und einem Dankeschön verabschiedete, ließ Mrs. Quinn die Schüler mit einer Handbewegung aufstehen. Gleichzeitig intonierte sie: »Auf Wie-der-sehen!« Fünfzehn kleine Münder formten schwerfällig: »Ouf – wüder-sähn!«

Diese Fahrt von Dorf zu Dorf beschert mir auch ein Erlebnis, das nicht zum Lächeln ist. Noch heute steckt es mir unter der Haut.

Ich möchte etwas zu trinken kaufen, und weil das Haus am Straßenrand ein Geschäft vermuten läßt, halte ich an. Über der Tür ist noch der Schriftzug des Besitzers zu erkennen. In einem der Fenster, wenngleich arg verblaßt, Reklameschildchen, im anderen ein ausgestellter Brief – so als hätte ein Kunde ihn liegengelassen. Ich befriedige meine Neugierde: Der Brief stammt aus den USA, der Absender war eine »Holy church«, der Rest ist nicht mehr zu lesen. Die Sonne hatte die Schrift weggeleckt. Ich drücke die Türklinke, aber die Tür rührt sich nicht: abgeschlossen!

Als ich mit einem Blick durchs Fenster feststellen will, ob es sich hier wirklich noch um ein betriebenes Geschäft handelt, schaue ich – Nase an Nase – in ein unrasiertes Gesicht. Eine barsche Stimme klingt durchs Glas: »Was ist?« Mit zwei Sätzen versuche ich das Mißverständnis aufzuklären: »Sorry, ich dachte das sei… Wollte mir nur etwas zu trinken…« Eine Sekunde Schweigen, dann kommt die Antwort: »Geh links herum, durchs Gatter!« Also doch ein Geschäft?

Graue Häuser bergen Geheimnisse. Ich komme zum Gatter, drücke es auf – und beginne in Gedanken die Schritte zu zählen, denn das Umfeld läßt mich ahnen, daß ich mich mit jedem Schritt weiter aus der Gegenwart entferne. Eine Tür, eher ein Loch. Darin taucht ein Mann auf, so alt wie ein Mensch eben alt werden kann. Ich erschrecke, gebe mir den Befehl: Reiß dich zusammen! Vor mir steht die Armut: in Schuhen, die viel zu groß sind, mit einem schwarzen Socken an einem der viel zu dünnen Beine, in sackigen Unterhosen, in einem Pullover darüber, der die Gestalt zu erdrücken droht. Ich schaue stumm von unten nach oben – zögernd, bedrückt. Eine Handbewegung. »Komm herein!« Ich folge schweigend.

Wegen der Dekoration in den Fenstern fällt nur wenig Licht in den Raum. Meine Augen müssen sich erst an das Halbdunkel gewöhnen: ein Kamin mit viel Asche, in der Asche ein Eisenofen, darauf ein verbeulter Wasserkessel, dessen Griff mit Pappe umwickelt ist. Das Bild gleicht dem schon einmal gesehenen. Rechts ein Tisch, völlig bedeckt mit offenen Tüten, Schachteln und Dosen. Nach oben fällt der freie Blick bis unter den First, am Gebälk hat die Rauchschwärze eines Jahrhunderts ihre Spuren hinterlassen. Die Haustür, das erkenne ich jetzt, ist von innen mit einem schräggestellten Brett verkeilt. Durch diese Tür wird niemand mehr das Haus betreten. Der Kaufladen ist noch vorhanden, quasi mumifiziert. Der Tresen, kaum zwei Meter lang, ist kurz vor dem Einstürzen. Die Regale im Hintergrund hängen durch, obwohl sie leer sind. In dem ganzen Raum gibt es keinen rechten Winkel, an dem sich das Auge ausrichten könnte. Alles ist krumm, schief, altersverformt. Der Mann hat ein Glas vor mich auf den Tresen gestellt und – ich muß zweimal hinschauen – eine Flasche Limonade.

Jetzt bückt er sich, schöpft aus einem Eimer Wasser und bietet es mir mit den Worten an: »Du kannst es ja versuchen, aber ich trinke es nicht. Du wirst es sicher auch nicht mögen. Es hat einen Beigeschmack.« Ich versuche es trotzdem, nehme einen kleinen Schluck aus dem Schöpfer. Das Wasser schmeckt moorig-muffig. Der Alte sieht mein Gesicht. »Trink lieber das!« sagt er, dabei zeigt er auf die Limonade.

Wir schweigen uns eine Weile an. Schließlich frage ich: »Wie alt ist Ihr Haus? Das war wohl einmal ein Geschäft?« Vielleicht gelingt es mir, ein Gespräch in Gang zu bringen.

Der Mann blickt in die Runde, als schätze er alles ab: »Dreihundert Jahre, aber schon ein paarmal erneuert... Das mit dem Geschäft ist lange her, ging nicht; ich konnte auch nicht mehr.«

Ich revanchiere mich für seine Antwort, erzähle ihm etwas über meine Reise: »Inishowen... Donegal... der Burren...« Als ich

80

ihm sage, daß ich nun schon seit Wochen Nordwind habe, was hier ja ganz unüblich ist, spreche ich damit wohl den Iren in ihm an. Er stützt sich auf den Tresen, reckt sich und beginnt mit fester Stimme einen langen Wetterreim aufzusagen. Die Worte fliegen mir förmlich ins Gesicht. Leider verstehe ich nur Bruchstücke: »Wenn die Berge nahe sind…« Deshalb bitte ich den Alten, ob er mir das nicht vielleicht aufschreiben könnte. Als Antwort hebt er seine Hände. Ich beiße mir auf die Lippen, bereue meine Frage. Arthrose! In einem Stadium, wo man sich die Schuhe nicht mehr binden, keine Jacke mehr zuknöpfen kann. Das Aussehen des Mannes, seine Bekleidung, wird mir verständlich. Es fällt mir nicht leicht, diese Situation zu meistern. Ich versuche es mit Reden, erzähle wieder.

Als ich gehen möchte, ist mir nach Bezahlen. Das beste wäre es, heimlich einen Geldschein fallen zu lassen. Aber der Alte hatte wohl meine Gedanken erraten, er stoppt meine Handbewegung: »Laß dein Geld weg! Was ist schon Geld – gerade heute! Wenn hier früher jemand zehn Pfund besaß, da war er ein Millionär. Damals bezahlte ich für den halben Whiskey vier Pence, und nach Dublin zum Fußballspiel fuhr ich mit dem Rad…« Ich hatte richtig gehört: nach Dublin! Die Stadt liegt an der Ostküste. Die einfache Strecke dorthin dürfte gut 250 Kilometer betragen. Und wie mag das Rad des Alten, wie mögen die Straßen damals ausgesehen haben? Draußen steht ein Mountainbike mit 18 Gängen, technisch durchgestylt, und ich rolle mit ihm fast immer über Asphalt. Bei dem gedanklichen Vergleich komme ich mir wie ein Snob vor.

So gleichnishaft über die Wertlosigkeit des Geldes aufgeklärt, bedanke ich mich bei dem Mann für seine Gastfreundschaft und gehe die zwanzig Schritte zurück in die Gegenwart. Mir kribbelt es dabei unter der Haut. Denn als ich das Haus des Alten verlasse, kippt er zum Abschied einen Kübel Traurigkeit über mir aus. »Ich wünschte, ich könnte mit dir kommen!« höre ich ihn hinter mir sagen.

Es gibt ein Irland, so verborgen, das, wenn man es findet, sprachlos macht!

Vom Shannon zum Slea Head

Die Straße neigt sich. Vor mir fließt der *Shannon*. Träge wälzt der Strom seinen schmutzigen Leib seewärts. Die Kraftwerke an beiden Ufern machen den Fluß auch nicht schöner, doch Irland braucht Strom. Sinnigerweise heißt eines der Kraftwerke »Moneypoint«. Seit Elektroherde die Torffeuer ablösen, seit die Wäsche nicht mehr in Zubern, sondern in der Waschmaschine gewaschen wird, seit man den Kopf zum Trocknen der Haare nicht mehr in den Wind, sondern unter den Fön hält, steigt der Stromverbrauch. Ein Stück weiter flußaufwärts liegt eines der Torfkraftwerke des Landes. Wer dort einmal zuschaute, wie dieses Zugladung um Zugladung Moor verschlingt, der wird das Gefühl nicht los, Irland verheizte sich für den Fortschritt selbst.

Eine halbe Stunde Fahrt auf der Fähre, und ich habe das nasse Hindernis hinter mir. Zweifelsfrei ist dieser Fluß auf lange Strecken ein Dorado für Bootsfahrer; doch für mich gibt es Dinge, nach denen drehe ich mich nicht um. Dazu gehört der Shannon River bei Tarbert Island.

Es folgt eine lange Gerade nach Südwesten über *Listowel, Tralee* – und schon stehe ich am Beginn der *Dingle*-Halbinsel. Wie auf anderen Strecken war mir unterwegs altes, hin und wieder auch ein bißchen verfälschtes Irland begegnet: Häuser mit importierten Namen wie »Korallenküste«, »Niagara«, »Bella Vista«, auch ein »Haus Edelweiss« war darunter. Typisch irisch erlebte ich dagegen die Bekanntschaft mit einem Radler und eine Momentaufnahme in einem Laden.

Der Mann hatte mich laut keuchend eingeholt, neben mir kurz abgebremst und mir erläutert, warum er auf etwas so Ungewohntem wie einem Fahrrad sitze: »I lost my license because of drinking!« Er schien sich geradezu darüber zu amüsieren, daß man ihm den Führerschein entzogen hatte. Und auf meine Antwort, daß ihm das wohl nicht wegen »simple drinking«, sondern wegen »too much drinking« widerfahren sei, lachte er und ritt im Schaukelgang davon. Trinken, etwas mehr trinken, zuviel trinken – alles läßt sich steigern.

Bei dem Laden hatte ich angehalten, da die offenstehende Tür

Dieses »Willkommen« galt nicht mir – Rast in Listowel

den Blick ins Innere zuließ. Die Besitzerin zerfloß vor Freundlichkeit, als ich sie um die Genehmigung bat, von ihrem »old shop« eine Aufnahme machen zu dürfen. Als der Kameraverschluß klickte, verneigte sie sich leicht und bedankte sich. Ein Fremder hatte ihr Geschäft für wertgeachtet, anzuhalten, zu schauen, es zu fotografieren – *ihr* Geschäft, das sie doch erst vor 30 Jahren renoviert hatte und in dem seither alles so schön blau ist!

Auch ich bedankte mich, machte der Frau ein stilles Kompliment. Bescheidenheit ehrt!

Nach einer windgetriebenen Fahrt besuche ich in *Tralee* die Geschichtsausstellung und die »Irish Medieval Town« – die mittelalterliche irische Stadt. Ein Tip, den man weitergeben *muß*. In künstliche Nebel gehüllt, gleite ich elektronisch gesteuert in einem Schienenwagen durchs Mittelalter. Der Stadttorwächter hebt die Laterne: »Etwas zu verzollen?« Beinahe hätte ich mit Nein! geantwortet. Schuster und Schmied, Fischweib, Sackträger, Säufer, Bettler und betende Mönche, Kälber, Schweine,

Gänse, Hühner, sogar Mäuse auf den Stufen – zwar alles tot (das »Leben« kommt aus versteckt angebrachten Lautsprechern!), aber so echt gemacht, daß man, wieder draußen auf der Straße, erstaunt in die Runde blickt: die Gegenwart! Vor dem Museum kracht es: ein Auffahrunfall. Doch nur die Autos lärmen, nicht die Fahrer; und keiner der behinderten Verkehrsteilnehmer hupt. Ja, gibt es denn so etwas?

Einen Abend verbringe ich in Tralee. Mir ist nach Pub, ein bißchen nach Ergänzen des Erlebnisses im »Scotsman«. Aber ich scheitere kläglich. Tralees Pubs sind eher Unterhaltungstempel. Ich höre Hardrock, Beat, die Abbas, das, was gerade aus dem Radio kommt, alles – nur keine irische Musik. »Wenn Sie das Beste von allem suchen – in einer Atmosphäre von gestern, dann suchen Sie nicht weiter, kommen Sie herein!« Was für eine Reklame! Ich lasse mich von ihr verführen. In dem Augenblick, in dem ich eintrete, beginnt die Kapelle zu spielen, die Tanzpaare formieren sich. Schon bin ich wieder draußen. Der nächste Versuch: zu laut, alles zu jung, alles imitiert. Alle guten Dinge sind drei: Mahagoni und Messing, der Wirt spricht mich mit Sir an. Ich trinke mein Guinness und stelle mir vor, ich packte hier wie bei Joseph McHugh Brot und Käse aus. Vorbei wäre es mit dem Sir. Genug von den Pubs, es bleibt bei den erlebten.

Gegen Mitternacht verirre ich mich mal wieder in eine Fastfood-Bude. Das »Fish 'n' chips, no sauce please!« kommt mir inzwischen wie selbstverständlich über die Lippen. An der linken Wand hängt ein Coca-Cola-Kalender, gegenüber ein Autoschild von St. Louis, Missouri. Neben der Friteuse macht – auf buntem Papier – die Food Company aus der Fifth Avenue Reklame für die »Original Hot Dogs«. Suchte ich nicht eine unverfälschte Atmosphäre? Hier habe ich sie! Auf meine Frage, wie lange der Imbiß geöffnet hat, bekomme ich zur Antwort: »Bis zwei Uhr!« Als ich daraufhin »langer Tag!« sage, lächelt das Mädchen dankbar fürs Mitgefühl.

Ich wohne bei Mrs. Colette Quinn, die aber nicht mit der gleichnamigen Lehrerin aus Rineen verwandt ist. Ihr Haus hat sie »Lourdes« genannt, was für die Frömmigkeit der Besitzerin spricht. Aber Mrs. Quinn ist auch gebildet und wieder ein Bei-

Der Connor-Paß ist nichts für ein Rad mit 30 Kilogramm Gepäck

spiel alter irischer Gastfreundschaft. Ich fühle mich für die enttäuschenden Pubs entschädigt.

Man braucht schon etwas Glück, um auf der Halbinsel *Dingle* noch das Irland zu finden, das manche Reiseführer versprechen. Es gibt Uhren in diesem Land, die scheinen schon vor langer Zeit stehengeblieben zu sein, es gibt aber auch andere, die ticken schnell. Inishmore Island war ein Beispiel dafür. Meinem Fortbewegungsmittel, dem Rad, verdanke ich es letztlich, daß ich doch noch das alte Dingle entdecke. Da ist die Schule von *Derryquay* mit einer Marienstatue im Fenster. Unter ihrem Dach lärmen die Jungstare. Da ist irgendein Pub wieder einmal zusammen mit einem Kaufladen. Dort bekomme ich für den Preis einer Tasse Tee eine ganze Kanne voll und kann den im Laden gekauften selbstgebackenen Früchtekuchen gleich vor Ort essen. Da sind Ställe und Scheunen, so fugenlos aus Stein geschichtet wie alte römische Bauten, und Enten finden nach dem Bad im Pfuhl allein auf der Landstraße den Weg zum Hof zurück. Die Halbinsel Dingle für Langsamfahrer!

Endlich fällt wieder einmal ein richtiger Regen! Kein Schauer, kein nieselnder Nebelfetzen, sondern »pouring rain«. Es schüttet. Am *Connor*-Paß wird es unangenehm, Nässe von allen Seiten. Auch melden sich die Beinmuskeln. Jemand muß mir ein eisernes Gewicht ins Gepäck geschmuggelt haben. Von der Landschaft sehe ich nicht viel. Ein paar Seen schwimmen darin, der nächstgelegene hat die Form einer Harfe. Die Farben sind etwas für Maler, die Stimmung ist etwas für Dichter – aber nur, wenn sie im Trockenen säßen. In der Höhe wird der Wind zum Sturm. Wie am *Gap of Mamore* faucht er durch die Paßkerbe, reißt die Regenwolken und den Radler mit. Auf der Leeseite bleibt der erwartete Föhn aus. Irisches Wetter ist mitunter widersinnig. Noch immer muß ich das Rad schieben, die Verwirbelungen sind zu stark.

Endlich kann ich wieder aufsitzen. Immer schneller rollt das Rad. Es riecht wohl die See, will zurück auf Meereshöhe. Auf halber Höhe sause ich an einem jungen Burschen vorbei, der sein Bike bergwärts stemmt. Armer Kerl! Bei dem Sturm dort oben wird er über den Paß kriechen müssen.

Ich erreiche das Städtchen *Dingle*. Touristengeld hat viel Farbe in den Ort gebracht. Seine Häuser sind bunt wie englischer Zukkerguß. Im Zentrum häufen sich die Angebote: Restaurants, Cafés, Souvenirläden. Nur um mitreden zu können, wenn Leute von Dingle schwärmen, radle ich die Straßen ab. Kein Foto, nichts hält mich, und weiter geht es.

Als ich Dingle den Rücken kehre, denke ich an eine Frau, die hier vor einiger Zeit starb: Peig Sayers. Sie war die letzte Bewohnerin auf *Great Blasket Island* gewesen. In der Erinnerung derer, die sie kannten, ist sie »die Frau in Schwarz«, ein Stück vergangenes Irland. Ihre Autobiographie beginnt mit den Worten: »Nun bin ich eine alte Frau, mit einem Fuß im Grab, mit dem anderen auf seinem Rand.« Peig Sayers erzählte mit einfachen Worten ihr einfaches Leben: »Die Tage meiner Jugend«, »Als ich das erste Mal Mutter wurde«, »Leben, allein – und in Einsamkeit...« Und was diktierte die Betagte als letztes in die Feder ihres Sohnes? »Glück soll meinem Heimatland widerfahren. Gott stärke all jene, die für seine Freiheit kämpfen!«

Stoppschild vor dem Meer! Im Hintergrund die Insel Inishtooskert

Abseits des Weges, versteckt hinter mannshohen Hecken, liegt das *Gallus Oratorium*. Die kleine, mörtellos aus Feldsteinen gefügte Kapelle hat die Form eines kieloben liegenden Bootes. Ohne jede Ausschmückung, ist sie ein Beispiel für Beten in Schlichtheit. Die irischen Mönche machten es uns einst vor, aber Kirchenfürsten wollten es später anders. Prunk wurde zur Baunorm bei den Gotteshäusern. Peig Sayers hätte mit Sicherheit auch keine Kathedrale benötigt.

Die Straße schlenkert weiter. Das eben war *Ballyferriter* – jetzt ein Weg, ein Stoppschild. Wer könnte das aufgestellt haben? Eigentlich nur ein preußischer Bürokrat. Es steht dort, wo Irland fast schon zu Ende ist – am Ufer. Statt vor kreuzendem Verkehr warnt es vor dem Meer. Wer diese Vorfahrt mißachtet, der wird naß! Fragt sich nur, wer kann das Meer übersehen?

Hier, am äußersten Zipfel Dingles, gibt sich Irland kämpferisch. Es bietet der See die Stirn. Jede Klippe ein Prellbock. Draußen vor der Küste liegt die Insel Inishtooskert. Sie hat das Profil eines schlafenden Menschen, eines Mannes mit Bauch und Bart – sozusagen ein Wachposten Irlands, der sich zur Ruhe gelegt hat. Weiter im Südwesten ragt *Great Blasket Island* auf – felsverankert in der See, aber mit Peig Sayers auch verankert in den Herzen der Menschen. »Good luck attend my native land, God strengthen those who strive to free it!«

Heute hetzt der Wind die Wolken über den Himmel. Die See steigt an den Klippen hoch, als wollte sie ins Land. Hagel vermischt sich mit dem Regen, die Temperatur ist in den einstelligen Bereich abgesackt. Sehe ich richtig? Es schneit! Wir haben den 14. Mai. Was ist auf einmal los mit dem irischen Wetter?

Ein Regenbogen überspannt den Wintereinbruch, die Sonne beendet ihn. Doch die Temperaturen bleiben unangenehm. Wolken dunkeln die Berge ab, geben sie wieder frei – eine Licht-und-Schatten-Jagd. Danach wird die Landschaft noch eindrucksvoller.

Am *Slea Head* begegnen mir zwei Busse mit Touristen: Pflichtstopp. Ein paar der Ausgestiegenen müssen in mir etwas Exotisches sehen, Kameras klicken. Ich halte an, provoziere mit meiner Nikon zurück. Prompt sehe ich nur noch Nacken. So ist das Leute, wenn man abgelichtet wird!

Zur steinernen Geschichte Dingles gehören nicht nur das Gallus Oratorium, die Ogham-Runen (die eineinhalbtausend Jahre alten Steine mit der runenähnlichen Schrift) und die alten Festungen, sondern auch die Bienenkorbhütten – menschliche Behausungen aus grauer Vorzeit. Eine alte Frau öffnet mir das Schafgatter und zeigt mir den Weg. Sie hält dabei die Hand auf. 75 Pence für 50 Schritte über die Wiese, das mag unverschämt erscheinen. Ich werte hier etwas anders. Bewußt langsam lege ich die Münzen in die geöffnete Hand. Ich möchte diese Hand sehen. Solche Hände haben eine Sprache, die Sprache des Lebens. Diese hier haben nicht nur gearbeitet, sie wurden bearbeitet. Da sind Runen wie auf einem Oghamstein, Rillen und Runzeln wie auf Felsen, die der Erosion preisgegeben sind. Die Münzen, die ich in diese Hände lege, sind weiter nichts als ein billiger Dank an einen Menschen, der andere als touristische Zeiten erlebt hat.

»Das Wetter ist sehr unangenehm geworden, heute morgen hat es sogar geschneit«, sage ich zu der Frau. »Was meinen Sie, wie es sich weiterentwickeln wird?« Sie schaut nicht zum Himmel, sondern auf die Erde und antwortet mit der Gelassenheit, wie sie nur ein langes Leben lehren kann: »Warten wir den morgigen Tag ab.«

Ich verlasse die Halbinsel auf geradem Weg nach Osten. Die Straße führt mich dabei nicht nur zurück ins Land, sondern auch mitten hinein in ein Erlebnis, das man nicht suchen kann und das erst recht nicht käuflich zu erwerben ist. Die Weichen dazu kann nur der Zufall stellen.

Beim Dichter Dan

Der Ort heißt *Castlemaine*, das Geschäft »Kelligher's Foodstore«. Ich möchte meinen Lebensmittelvorrat etwas auffüllen und stoße in der Tür des Ladens fast mit einem Mann zusammen. Er trägt eine Jacke, die einmal eine richtige Jacke war, eine Hose, die ihm früher sicher einmal besser paßte, ein paar Schuhe, die gerade noch welche sind. Viele Reisen hatten mich gelehrt, daß Kleidung oft das nebensächlichste Indiz für die Einschätzung eines Menschen ist. »Not the clothes count!« Das hatte ich spontan zu Thomas Corrigan mit dem Kanonenkugelloch im Pullover gesagt, und hier bei diesem Mann würde ich es sofort wiederholen.

»Dein Rad ist ja mächtig beladen«, spricht er mich an, »und so, wie du aussiehst, könntest du Däne sein.« Ich korrigiere das. Sein Blick wird abschätzend, dann fragt er nach: »Wo wirst du heute nacht schlafen?« Als er »Zelt« hört, folgt wieder stummes Taxieren. »Was machst du zu Hause?« bohrt der Mann weiter. Nach kurzem Zögern antworte ich: »Schreiben.« Jetzt reicht er mir mit den Worten die Hand: »Als ich deine Augen sah, wußte ich gleich, daß du anders bist. Wie wär's mit einer Nacht in einem alten Farmhaus? Außerdem gäbe es da heute abend gleich etwas für dich zum Schreiben.« Ich begreife: Das ist *die* Einladung!

In Formation radeln wir auf einem kleinen Sträßchen ostwärts durch das Tal des *River Main*. Ich auf meinem Superbike, der Mann auf seinem alten Drahtesel vom Typ »Paleich«. Die Reifen

Der Dichter Dan Griffin vor seinem Torffeuer

sind profillos, das Gummi rissig. Eins der Pedale besteht nur noch aus der Spindel. Rost ist die Patina des Rades. Nur die neue, hellblaue Plastikluftpumpe stört den farblichen Gleichklang. Unsere Fahrt endet an einem Cottage: weißgekalkt die Wände, rot gerandet Fenster und Tür, strohgedeckt das Dach, ein Stück Alt-Irland.

Mein Gastgeber heißt Dan Griffin, und von seinem Alter her könnte der Mann fast mein Vater sein. Jetzt nötigt er mich, das Torffeuer im Kamin in Gang zu bringen. »Ich möchte sehen, ob du Feuer machen kannst«, stellt er mich auf die Probe. Eine Antwort darauf verkneife ich mir. Wenn dieser Dan Griffin wüßte, an wie vielen Lagerfeuern ich schon saß!

Als die Flammen züngeln und sich die Glut in den Torf zu fressen beginnt, übernimmt er die Feuerwacht. Plötzlich richtet er sich auf und sagt: »Ich kann zwar nicht singen, aber für dich will ich es versuchen!« Und sogleich stimmt der alte Mann ein Lied an. Ich bin sprachlos. Etwas verhalten klingt es durch das Cottage:

»I roved the Main valley
As the sun shone high
I walked its green banks
Since I was a wee boy.

With the sun on its waters
So bright and so clear
The folks in this valley
they bring you good cheer.

Flow on my grand river
Through mountains on high
with the Reeks in the distance
They reach for the sky.

The harbour at inch
Where children do play
The sand is like gold
at the end of the day.«

In dem Raum herrscht eine Stimmung, die ich niemandem beschreiben kann. Da singt ein alter Mann für einen Fremden in einem Cottage, in dem die Zeit stehengeblieben ist: Torffeuer, Kranbalken und Eisenkessel, an der Wand – jetzt im Mai – noch Reste der Weihnachtsdekoration, auf dem einsehbaren Zwischenboden neben einem Bett der noch geschmückte Weihnachtsbaum. Das Zimmer reicht ansonsten bis hinauf zum Giebel. Diese Rauchschwärze kannte ich ...

Ich stehe schweigend und betroffen da. Dan Griffin wiederholt die letzten Strophe noch einmal und legt dabei unverkennbar Wert auf die Betonung des Reims. Jetzt wird er deutlicher: »Ich bin Dichter, das stammt von mir. Dort steht mein Schreibtisch; auch das Lied liegt darauf. Wenn du willst, kannst du es dir abschreiben.« Mir wird klar, daß sich hier zwei entfernte Verwandte getroffen hatten. Unsere Werkzeuge, Bleistift und Papier, sind die gleichen. So etwas baut menschliche Brücken!

Da sitze ich nun an Dan Griffins Schreibtisch, der genauso wackelt wie sein Stuhl. Vor mir liegt ein Haufen beschriebenen

Papiers und ein Ordner voller dichterischer Unordnung. Auf dem Fensterbrett trocknen Blätter, die in Dans Rocktasche naß geworden waren. Der Dichter hat mich allein gelassen, er müsse für heute abend noch etwas arrangieren. So nutze ich sein Angebot und schreibe mir das Lied vom *Main Valley* ab. Hier die Übersetzung:

> *Ich streifte durchs Tal des Main*
> *bei hochstehender Sonne;*
> *ich lief entlang seiner grünen Ufer,*
> *als ich noch ein kleiner Junge war.*
>
> *Mit der Sonne auf deinen Wassern*
> *so hell und so klar,*
> *die Menschen in diesem Tal*
> *sie jubelnd dir zu.*
>
> *Fließ weiter, mein großer Fluß,*
> *durch die hohen Berge,*
> *mit den* Reeks *in der Ferne,*
> *die nach dem Himmel greifen!*
>
> *Der Hafen so nahe,*
> *wo die Kinder spielen;*
> *der Sand wird golden,*
> *wenn der Tag sich neigt.*

Dan Griffin ist wieder zurück und verkündet, daß für heute abend alles in Ordnung sei. Wir müßten nur noch ein paar Sitzgelegenheiten bauen, denn die Stühle reichten nicht. Dieses Stühlebauen besteht aus dem Aufschichten einiger Mauersteine; darüber kommt ein Brett, auf dieses – weil es etwas schmutzig ist – Plastiktüten. Fertig ist die Sitzbank!

Inzwischen habe ich den Dichter dabei erwischt, wie er sich etwas in die Handfläche notierte. Dan Griffin leidet unter chronischem Papiermangel. Sein Notizbuch für Gedankenblitze sind deshalb die Handfläche, der Handrücken, ja der ganze Unterarm. Diese Gestalt wäre etwas für den Pinsel eines Spitzweg – und wohl auch für die Feder eines Ringelnatz.

Nachdem er meine Fragen, was denn heute abend hier passieren sollte, zunächst abgewimmelt hatte – »du wirst schon sehen!« –, weiß ich nun Bescheid. Dan Griffins Freunde, die Farmer aus der Umgegend, treffen sich hier mit ihren Frauen zu einer »session«, wie der Dichter das nannte. Drei- oder viermal im Jahr kommen sie in dem alten Haus zusammen, um miteinander zu reden, zu singen, zu tanzen. Das war wohl schon früher so. Dieses Cottage könnte zweieinhalb Jahrhunderte irische Geschichte erzählen. Ich weiß bereits jetzt, daß ich nach diesem Abend *meine* Geschichte haben werde.

Gegen acht Uhr kommen die ersten Gäste, alle besser angezogen, als es der Alltag verlangt. Auch Dan Griffin hat sich in Schale geworfen. Mit Anzug und Krawatte, jetzt sogar rasiert, ist er kaum wiederzuerkennen.

»Sorry, darauf war ich nicht vorbereitet ...!« entschuldige ich mich.

Dan winkt ab. »Du bist okay so!«

Bald sind alle Plätze belegt. Es herrscht eine strenge Sitzordnung: rechts vom Feuer die Frauen, an der gegenüberliegenden Wand die Männer. In die Mitte des Raumes, dort wo sich der Bogen schließt, hat man mich plaziert. So bin ich vierzehn Augenpaaren ausgeliefert: der Preis für diesen Ehrenplatz.

Dan Griffin mußte seine Freunde bereits eingeweiht haben. Man kennt mich schon in Umrissen. Nun werde ich vom Farmer William Spring, der den ganzen Abend als Wortführer fungiert, den anderen förmlich vorgestellt. Schließlich bittet man mich, das Porträt zu ergänzen. Ich soll den Leuten etwas über mein Zuhause erzählen. So wird mein Ehrenplatz ein wenig zum Prüflingsstuhl.

Auch Worte können Brücken bauen und Irland per Rad, das ist dabei schon der halbe Brückenbogen. Zudem ist es wie anderswo: Ein Fremder hat oft mehr vom Gastland gesehen als mancher, der in ihm lebt. So höre ich Kommentare wie: »Achill Island, da möchte ich auch einmal hin!« Oder: »Ja, der Burren, er soll im Frühling sehr schön sein!« Ein lebhaftes Gespräch kommt in Gang. Dabei macht ein Karton mit belegten Broten die Runde, dazu eine Flasche Whiskey. Bier wird gereicht.

In einem ruhigen Moment erhebt sich Farmer Spring und eröffnet diese Zusammenkunft »formell«, denn alles, was bisher geschah, war nur der Vorspann. Er beginnt mit den Worten: »Wir sind hier zusammengekommen, wie wir es schon seit langem tun. Laßt uns heute einmal in die Geschichte zurückgehen...« William Spring meint damit nicht die große irische Geschichte, sondern die des Main Valley und des in der Nähe gelegenen Ortes Castlemaine. Der Farmer kommt auf die Zeiten zu sprechen, als hier nur zwei oder drei »Türen« Autos besaßen, als alle anderen noch auf rostigen Fahrrädern fuhren. Bei den »rusty bikes« muß ich unwillkürlich lächeln. Dan Griffin – und wohl nicht nur er – hatte eines davon in die Gegenwart gerettet. Damals, so William Spring, habe man die Milch noch mit Pferdegespannen oder auf Eselskarren zur Molkerei gebracht; und weil das Entladen recht lange dauerte, mußte man sich dort in die Warteschlange einreihen. Da wäre genug Zeit für Gespräche geblieben. Man erfuhr, wer gestorben war, wer geheiratet hatte und was es sonst an Neuigkeiten in Castlemaine gab. Die Molkerei, berichtet er, habe damals über 120 Leute beschäftigt, jetzt seien es dagegen kaum noch die Hälfte. »Diese Arbeitsplätze gingen verloren, das ist eines unsere Probleme hier. Wir werden darüber nachdenken müssen, wie wir... Alles ist für uns schwieriger geworden!« spannt der Farmer den Bogen dann zur Gegenwart. Er kommt auf den EG-Markt zu sprechen mit seinen Vorteilen für Irland, aber auch mit seinen Nachteilen für die Bauern, die sich nun einem Diktat beugen müßten und ihre Freiheit, zu wirtschaften, wie *sie* es für richtig hielten, verloren hätten.

Ich bin während dieser Rede nur stummer Zuhörer, sehe aber das Kopfnicken der anderen, höre ihr »Stimmt!« oder »Ganz richtig!« und begreife, daß hier jemand die Sorgen vieler anspricht. Die Menschen des Main Valley suchen nach Antworten für die Zukunft, die alles andere als rosig erscheint. So werde ich Zeuge des irischen Alltags.

Mit der Aufforderung William Springs an alle: »Now let's sing!«, wechselt das Treffen seinen Charakter. Die Stimmung wird gelöst. Der Farmer wendet sich an die Frau, die dem Feuer am nächsten sitzt: »Louise, du bist dieses Mal als erste dran!«

Ich schätze die Bauersfrau auf Mitte Sechzig. Sie räuspert sich kurz, legt ihre Hände in den Schoß und beginnt mit leiser, leicht vibrierender Stimme ein altes irisches Liebeslied zu singen: »The Rose of Tralee«. Es handelt von einer unglücklichen Liebe, von Trennung, Sehnsucht und Tod. Außer dieser feinen Stimme und dem leisen Flammengeräusch des Feuers ist in dem Raum kein Laut zu hören. Die Stimmung geht mir unter die Haut. Nachdem Louise geendet hat, folgt Applaus, und sie wird für das Lied fleißig gelobt.

»Mary, nun bist du an der Reihe!« übernimmt William Spring weiter die Führung. Er muß Mary etwas locken, sie fühlt sich heute nicht wohl und möchte das Singen lieber den anderen überlassen. Schließlich gibt sie doch nach. »Knock at my window tonight, love – Liebster, klopfte heute nacht an mein Fenster!« Wieder ein Liebeslied, gesungen am Torffeuer eines alten Cottage von einer vielleicht Siebzigjährigen.

So geht es weiter, von Stuhl zu Stuhl. Zu meinem Schrecken trifft die Aufforderung, etwas vorzusingen, auch mich. Ich muß leider passen und bitte um Verständnis: »Sorry, tanzen und manches andere – aber singen…« Man akzeptiert das.

William Spring hat sich inzwischen neben mich gesetzt und erklärt mir im Nachhinein die Lieder, denn nicht alles verstehe ich vom Sinn her. Man brauchte hierfür lokale Kenntnisse. Eben begleitete sich Tim Hickley mit der Gitarre zu dem Song »The Boys of Killibeg«, und nun ist Patrick an der Reihe. William hatte mir zugeflüstert: »Patrick singt noch auf die ganz alte irische Art!« Er wird das Lied »The wild Colonial Boy« vortragen. Es handelt von einem jungen Burschen aus Castlemaine, der vor etwa 150 Jahren Irland verließ und nach Australien ging. Dort wurde er zu einem Robin Hood, und man jagte ihn deshalb wie ein Stück Wild. Das Lied holt den Burschen zurück in die Heimat: »…Colonial Boy, come back to Castlemaine!« Patrick singt es, als sei er versteinert. Nur seine Lippen bewegen sich, und bei den höheren Tönen streckt sich ein wenig sein Körper. Mein Gott, warum habe ich keinen Tonträger dabei!

Dan Griffin hat extra für diesen Abend ein Gedicht geschrieben. Es handelt vom »größten Schandfleck der katholischen

Kirche in Irland«, von Eamonn Casey, dem Bischof von Galway. Denn dieser war »schwach« geworden, hatte ein Kind gezeugt. Farmer William Spring trägt das Gedicht vor, das heißt, er singt es; wobei er die Melodie improvisiert:

I was a strong Bishop
My story is sad
When I went to a courting
I went to the bed
Her parents they trusted
They would not agree
That I a good Bishop
A lover could be...

Ich war ein mächtiger Bischof,
meine Geschichte ist traurig.
Als ich einen Besuch abstattete,
ging ich ins Bett.
Ihre Eltern vertrauten mir,
denn sie konnten es sich nicht vorstellen,
daß ein guter Bischof
ein Liebhaber sein könnte.

Strophe um Strophe gießt Dan Griffin ironietriefende Verse über den Bischof aus, und nachdem bereits verhaltenes Lachen den Vortrag William Springs begleitet hatte, wird am Ende dann kräftig applaudiert. Er gilt beiden, dem Dichter für den Text, dem Farmer für die gekonnte Improvisation. Doch Dan Griffin gibt sich bescheiden. Er hatte mit geneigtem Kopf zugehört und läßt sich jetzt das Textblatt geben: »Ich muß da etwas ändern, das muß runder klingen!« Er korrigiert die Stellen und reicht das Blatt an den Farmer zurück: »Willy, sing das noch mal!«

»I was a strong Bishop...«, klingt es wieder – erneut Lachen, erneut Applaus. Daß ein guter Bischof gleichzeitig ein guter Liebhaber sein kann, das erheitert – wo der Fall doch schon so lange zurückliegt – selbst irische Katholiken.

Mitternacht ist bereits vorbei, aber die Session ist noch voll im Gang. Die anfänglich strenge Sitzordnung wurde inzwischen aufgehoben. Jetzt machen Geschichten die Runde. Manche werden laut für alle erzählt. Zentrale Figur ist dabei immer wieder Paddy, eine Gestalt, mit der auf selbstkritisch-humorvolle Art alle Iren gemeint sind.

Wie war das doch mit Paddy und Petrus? Letzterer verweigert Paddy den Zutritt zum Himmel. Aber dem cleveren Iren gelingt es, Petrus zu überlisten. Die Geschichte endet so, daß Petrus ausgeschlossen vor der Himmelstür steht und Paddy sich durchs Schlüsselloch – jetzt *im* Himmel – über ihn lustig macht.

So wie Stunden zuvor die Aufforderung »Let's sing!« erfolgt war, so heißt es jetzt: »Now, let's dance!« Leider hatte ich mich da verraten, und als wäre Damenwahl angesagt, holt mich eine der Farmersfrauen auf die steinerne Tanzfläche. Nie im Leben hätte ich es mir träumen lassen, einmal in einem Cottage »old Irish waltz« zu tanzen. Mit einem Gemisch aus Wiener Walzer und Foxtrott scheine ich unter den kritischen Augen der Farmer und ihrer Frauen dem Original wohl recht nahe zu kommen. Ich ernte Applaus, als hätte ich wie die anderen gesungen – und werde weitergereicht.

Während dieser Stunden bei Dan Griffin erlebe ich wieder jene »Schweigeminute«, wie sie mir schon wiederholt aufgefallen war. Diese Art Schwermut muß in den Iren von Zeit zu Zeit wie eine Seelenflut aufsteigen. Für Außenstehende mag sie unerklärlich bleiben, den Menschen dort wird sie wohl gar nicht bewußt.

Dieser Abend, diese Nacht, endet mit zwei für mich besonders eindrucksvollen Szenen. Es ist der alte Jimmy Boyle aus Castlemaine, der, als suche er die Wärme, mit seinem Stuhl näher ans Feuer herangerückt ist. Dort sitzt er nun, die Beine weit von sich gestreckt, das Kinn auf eine Hand gestützt, als denke er über etwas nach. Jetzt faltet er die Hände wie zum Gebet und beginnt mit geschlossenen Augen zu singen: »Flow on lovely river…« Meine Gänsehaut ist echt, gleich »überflutet« mich die Seele.

Es ist genau zwei Uhr nachts, als sich alle erheben. Nun klingt zum Schluß vielstimmig die irische Nationalhymne durch das Cottage – durch seine Fenster, durch das Strohdach in die Dunkelheit hinaus.

Dieser Abend hat noch ein Nachspiel. Das Ehepaar Spring

hatte mich für den nächsten Tag auf seine Farm eingeladen. Da sitze ich nun bei »Irish stew« und erfahre – neben vielem anderen – den Stammbaum einer irischen Familie: Belgische Weber waren es, die den Namen »Spring« mit nach England brachten. Sie siedelten östlich von London. Einer der Söhne folgte dem Befehl, hier an der Mündung des Main River in der Burg von Castlemaine Stellung zu beziehen, so fürchtete man bereits damals die Landung der spanischen Armada, die einige Jahre später die irischen Katholiken in ihrem Kampf gegen die andersgläubigen Engländer unterstützen sollten. Nach seiner Mission kehrte der junge Spring nicht nach England zurück. Der Grund für sein Bleiben war einfach: Er hatte sich in ein irisches Mädchen verliebt. Das war 1583. Vierhundertundzehn Jahre aktenkundiger Stammbaum: Farmer William Spring ist sichtlich stolz darauf.

Nur mühsam gelingt es mir, mich loszueisen. Irische Gastfreundschaft ist hartnäckig. Als ich dann wieder im Sattel meines Rades sitze und durchs Tal des Main zur Hauptstraße zurückfahre, lasse ich die letzten Stunden noch einmal Revue passieren... Wieder zu Hause, werde ich viele Briefe schreiben und viele Fotos verschicken müssen. Denn von dem Geschehen in Dans Cottage gibt es ein paar Belege. Ich hatte den Dichter um Erlaubnis gebeten, einige Fotos machen zu dürfen. Er hatte meine Bitte den anderen vorgetragen, und alle hatten ihre Zustimmung gegeben. So werden meine Erinnerungen durch »Dokumente« ergänzt.

Was macht man nach einem solchen Erlebnis? Am besten, man wählt den kürzesten Weg zum Flughafen und reist ab. Eine Wiederholung des Geschehens kann es nicht geben, ein Mehr ist unmöglich. Hatte ich nicht das Irland gefunden, von dem so viele träumen, das ihnen aber verborgen bleibt, weil Zufälle sich dem Zugriff entziehen? Ein paar Worte mehr mit der Frau bei den Bienenkorbhütten, und ich wäre Dan Griffin nicht mehr begegnet; etwas weniger Neugierde in Dingle, und ich hätte »Kelligher's Foodstore« bereits wieder verlassen gehabt, noch bevor der Dichter eintrat. Auch eine Sternschnuppe sieht man nur im richtigen Augenblick!

Wasser von allen Seiten

Während einer Rast in Castlemaine prüfe ich die Karte. Etwa 300 Kilometer sind es bis Dublin – drei Tagesetappen, und das Unternehmen Irland wäre beendet. Alles, was jetzt noch kommen konnte, würde neben dem bereits Erlebten verblassen. Doch ich entscheide mich gegen diese Flucht. Vielleicht tat ich dem Land unrecht, wenn ich ein Stück von ihm einfach so liegenließe? Zählten nicht auch Kleinigkeiten? Waren sie nicht das Gerüst einer solchen Reise, in die man die großen Erlebnisse einhängen konnte? Die Entscheidung ist gefallen: nicht Kurs Ost, sondern Kurs Süd!

Ich radle auf Berge zu, die verdammt hoch wirken, obwohl sie doch kaum die 1 000-Meter-Linie erreichen. Der Grund: Auf ihren Kuppen liegt Schnee. Irland hatte einen Wettersturz erlebt. Seit über einem Monat bläst der Wind nun schon aus nördlichen Richtungen, doch jetzt scheint er direkt vom Pol zu kommen. Selbst im flachen Inland gibt es Frost. »Unmöglich!« werden die Wetterstatistiker sagen. »Island, Irland, England, alles das gleiche. Da weht, so lange wir mitschreiben, der Wind aus West.« Sorry, manchmal wissen es Radler besser! Ein Farmer hatte mich bereits angesprochen: »Wenn du wieder zu Hause bist, dann wird man dich fragen: Na, wie war es in Spanien?« Er spielte damit auf die Bräune an, die ich mir hier geholt hatte. Zwei Regen- und zwei Nebeltage, ein paar Schauer und einen ganzen Monat Sonnenschein. Hinzu war der Rückenwind gekommen. Von der Nordspitze Irlands hatte er mich durch ganz *Donegal*, durch *Mayo*, durch *Clare* geblasen. Ich mußte den Glücksstein der Kelten am Hals tragen.

Doch jetzt, wo ich mich der Südküste nähere, tut sich was am Himmel. Die Wolken hören auf zu ziehen, vermehren sich beängstigend schnell und werden zu Gebirgen, um vieles höher als die Berge Kerrys. Schon morgen könnte ich mich auf etwas gefaßt machen!

Der *Lough Leane*. Zum ersten Mal begegnet mir das Golfstrom-Irland. Die Wälder wirken wie aus dem Märchenland. Flechten und Moose schufen hier bärtige Baumgestalten, überwucherte Felsen wurden zu grünen Wesen. Ich radle unter einem mächtigen Blätterbaldachin und bin erstaunt über diesen plötzlichen Wechsel der Natur.

Ross Castle, die Stadt *Killarny*, dann *Muckross Park* – drei Stationen, drei Gesichter. Die uneinnehmbare Festung *Ross* fiel doch! Eine alte Prophezeiung erfüllte sich. Ross wurde vom Wasser her erobert. In *Killarny* türmt sich der Tourismus, kristallisiert zum Kommerz. Man hatte mich vorgewarnt. Also Augen zu und durch. Dann der Park mit seinen Rhododendronblütenwolken. Haushoch leuchtet es violett, rot, rosé. Für mich ist das ein ganz anderes Irland.

Die meisten, die den Südwesten besuchen – und viele Inselbesucher fahren nur dorthin –, folgen dem *Ring of Kerry*. Als Traumstraße verschrien, wurde die Uferstraße zur Pflichtübung. Ich beuge mich der Masse – aber nur für ein paar Kilometer, dann breche ich aus. Sterne im Reiseführer, Sterne auf der Karte, Sterne an den Hotels, das kann nicht gutgehen! So verdrücke ich mich, statt den »Ring« ganz abzuradeln, in die Berge.

Inzwischen ist das Westwetter da. Die Statistiker können zufrieden sein. Es mußte all die Wochen, wo es über dem Atlantik lauerte, Kraft gesammelt haben. Ich fahre mit engverzurrtem Regenanzug und in Gummistiefeln – hatte sich das Mitschleppen des Regenzeugs doch noch gelohnt. Die Hände immer wieder als Scheibenwischer nutzend, schiebe ich das Rad bergan. Als mir ein Auto entgegenkommt, stoppe ich es mit Handzeichen. Der Fahrer denkt sicher, ich brauche Hilfe oder möchte vielleicht mit ins Tal zurückgenommen werden. Dabei ist mir nur nach einem Scherz zumute. Als er das Seitenfenster herunterkurbelt und mich fragend anschaut, reiche ich ihm einen Brief in den Wagen: »Werfen Sie den bitte unten in Killarny für mich ein! Hier oben gibt es keine Briefkästen mehr!« E 412 XWG schaut ganz verdattert und sagt gehorsam wie ein befehlsgewohnter Soldat: »Ja, mache ich, gleich unten!« Manchmal ist mir nach solchem Übermut – als Ventil!

Warum jauchzen die Reiseführer bei *Molly's Gap* so sehr? Es gibt schönere, stimmungsvollere Paßübergänge in Irland. Ohne das vorgebaute Souvenirrestaurant würde der Felsdurchbruch

100

Am Himmel über den Bergen Kerrys ziehen dunkle Wolken auf

natürlicher wirken. Der Wind packt mich. Jetzt habe ich ihn als Gegner. Radler blies man am besten rücklings den Berg hinunter!

Ich wähle ein nummernloses Sträßchen. Es führt mich hinauf zum einsam gelegenen *Ballaghbema Gap*. Das Wetter wird immer unangenehmer, die Landschaft immer irischer. Jetzt radle ich durch eine völlig unberührte Natur: keine Siedlung, kein Verkehr, keine Touristen – nicht einmal Telegrafenmasten am Straßenrand. Mal sehe ich durch den Regen ein Stückchen Donegal, mal einen Zipfel Connemara. Der Kontrast ist um so stärker, als sich der Wechsel aus dem üppigen Grün am Lough Leane zu Hochmooren und nacktem Fels innerhalb weniger Kilometer vollzogen hat. Wäre nur nicht dieser Regen, dieser Wind!

Ein weiteres Hindernis, der *Ballaghisheen*-Paß. Das war wohl dem Wetter zuviel abgetrotzt. Prompt bekomme ich die Quittung dafür. Es dunkelt bereits, aber ich habe noch immer kein Plätzchen für mein Zelt. Wo in dieser Landschaft soll ich nur ein Lager aufschlagen? Die Natur trieft nur so – und wo kein Fels, da ist mooriger Grund. Bei allen Versuchen, auch nur ein paar Quadratmeter nutzbaren Boden zu finden, scheitere ich. Da bleibt

Das von einem herrlichen Park umgebene Herrenhaus »Muckross«

mir nur eines: weiterradeln, weitermarschieren. Unten an der Küste würde es schon eine Lösung geben.

Nachtfahrten sind wie russisch Roulett, und bei Nachtfahrten durch eine unbekannte Bergwelt, noch dazu im strömenden Regen, da steckt fast in jeder Trommelkammer eine Kugel. Als ich an einem See vorbeifahre, wird der dunkle Kasten eines Hauses sichtbar. Auf ein »Bed and Breakfast«-Angebot hoffe ich hier in dieser Wildnis nicht, aber ein geschützter Platz für mein Zelt, das wäre auch schon etwas!

Kein Hund bellt, nirgendwo ein Lichtschimmer. Der Strahl meiner Taschenlampe trifft eine graue Fassade, Fenster ohne Gardinen, eine herunterhängende Dachrinne. Dieses Haus *war* einmal bewohnt, und heute nacht wird es wieder bewohnt sein! Ich bestimme das befehlsmäßig. Die hinteren Fenster sind bereits eingeschlagen, die Tür, schon einmal aufgebrochen, ist nur notdürftig mit einem Draht gesichert. Ein Fußtritt, und sie fliegt auf – ich stehe in der Küche. Alles, was sich mitnehmen, was sich abschrauben ließ, wurde bereits entwendet: Wasserhähne, Lichtschalter, Kleiderhaken. Für mein Nachtquartier wähle ich das »Wohnzimmer«, dort hängt sogar noch die Deckenlampe, nur das Wichtigste, der Strom, fehlt. Der Fußboden wird zum Bett, das Fensterbrett zum Tisch, das Fahrrad zur Ablage. Was wollte ich mehr? Die Tür verkeile ich von innen. Während ich in der Natur absolut sorglos bin, hätte ich hier etwas gegen nächtlichen Besuch. Es könnte jemand anders als ein Radler sein, der nur Schutz vor dem Regen sucht. Graue Bauten wie diese locken graue Gestalten an. Das griffbereit in die Dielen gerammte Messer zeigt mein Sicherheitsbedürfnis. Doch ich bleibe ungestört.

Erst am nächsten Morgen sehe ich genau, wo ich da gelandet, besser gestrandet war. Das Haus gehörte wohl einmal zu einem Gehöft. Reste von Nebengebäuden sind noch vorhanden. Am Ostufer des Sees liegt sein Vorgänger, die grauen Ruinen einer alten Farm. Ich hatte auf meinen Reisen in Notlagen schon an ganz anderen Plätzen geschlafen. Dagegen war dieser geradezu komfortabel gewesen. Nicht einmal das Dach hatte geleckt.

Irlands Wetterküche scheint jetzt nachzukochen, was sie in den letzten Wochen und Monaten versäumt hatte. Es ist kein Vergnügen, in dieses Naß hinaus zu müssen. Der Wind läßt den Regen fliegen, Wasser von allen Seiten. Außerdem habe ich den früheren luftigen Freund noch immer als Gegner. Das Radeln wird zum Durchboxen.

Die *Ballinkelligs Bay*. Immerhin bin ich wieder an der Küste. Mehr Berge mußten nicht sein, nicht bei diesem Wetter! So also sieht die Traumstraße Irlands, der »Ring of Kerry«, aus! Der Regen, der mir übers Gesicht rinnt, gleicht Freudentränen darüber, daß sich nicht ganz Irland so fortschrittlich gibt. Jedes Dorf ist touristisch bekleckert. Nach einem »Irish stew«-Angebot muß ich suchen, dafür steht auf den Speisekarten Französisches. Zwangsstopp in *Waterville*. Das Zimmer sehr sauber, die Dame sehr höflich, die Atmosphäre sehr unpersönlich: Hatte ich Ähnliches nicht schon einmal erlebt? Weiter geht das Wassertreten. Die Straße zieht hinauf zum *Coomakesta Pass*, eine maßlose Übertreibung für den kleinen Bergsattel. Nur der Regen macht die Höhe – weil man nichts sieht.

Es folgt die »schönste Küste der Erde«, so jedenfalls die Iren. Das Schönste an ihr ist bei diesem Wetter für mich ein Restaurant. Ich wähle es als Zuflucht, denn draußen scheint jetzt eine Sintflut zu entstehen. Wenn dieser Regen anhielte, dann müßten die Wolken in einer Stunde leer sein.

Es vergehen zwei Stunden, eine dritte. Der Regen normalisiert sich etwas. Da ich hier nicht bei Kaffee und Kuchen, Kuchen und Kaffee versauern möchte, schwimme ich weiter. Schön, daß es Plastik gibt!

Endlich werden die Wasserfäden dünner, zerreißen schließlich ganz – so etwas wie Föhneffekt im Windschatten der Berge. Ich streife die Kapuze ab, schüttele mich wie ein Hund. Solche Bedingungen vom Anbeginn der Reise – sie wäre buchstäblich ins Wasser gefallen.

Es gibt tausend graue Dörfer in Irland. An ihren Anblick gewöhnt man sich. Doch dieses hier ist so ungewöhnlich, daß ich anhalte. Ausgebrannte Häuser mit Fenstern wie hohle Augen. Die Ruine eines auffallend großen Gebäudes. Sie mutet an wie etwas, das Bomben übrig ließen. Der graue Himmel verstärkt die Stimmung noch. So eindrucksvoll-düster ist der Anblick, daß sogar zwei Autofahrer stoppen. Da die Häuser nicht mehr aus rohem Stein errichtet sind, konnte das Dorf nicht allzu alt sein; das Schicksal mußte es erst in jüngerer Zeit ereilt haben. Ich werde an der nächsten Tür fragen.

Ein kleines, weißes Haus, ich klingele. Von oben bis unten tropfend stehe ich vor der Tür und sage mein Sprüchlein: »Das Dorf dort hinten? Wieso...?«

»Kommen Sie doch herein!« ist die freundliche Antwort. Da hocke ich nun bei »tea and biscuits«, werde ein bißchen ausgefragt und frage zurück. Was man nicht alles erfährt! Der Großvater lief bei der Olympiade in Los Angeles, in Hongkong baute er eine Schule...

»Und das ausgebrannte Dorf?«

Die Frau beauftragt ihren Jungen: »Hol einmal das gelbe Büchlein. Ich glaube, es liegt unter dem Bett!« Der Junge bringt zwei, ein kleines mit dem Titel »The Knot in the Ring« und ein maga-

Selbst kleine Pubs machen große Umsätze

zinartiges »View of the City and County Dublin«. Dieses handelt von der Hauptstadt und ihrer Umgebung – zur Zeit der Dampfschiffe –, doch das erstere ist wohl das interessantere für mich. Mrs. Coughlan schlägt es auf und beginnt mir daraus vorzulesen. Heimatkunde für einen fremden Schüler:

»... She became involved in the struggle for independence. She became concerned as there were no proper medical facilities and built a hospital complex which was used in the Civil War. She left it...«

Diese »Sie«, war Mrs. Albinia Broderick, Schwester des Earl of Mildeton. Wie der Text sagt, hatte sie angesichts der unzureichenden medizinischen Versorgung der irischen Freiheitskämpfer hier über dem *Kenmare River* diese Krankenhausanlage gebaut. Diese wurde später gebrandschatzt und geplündert.

Als Mrs. Coughlan geendet hat, bitte ich sie, mir das Büchlein kurz zu überlassen. Ich möchte mir ein paar Passagen daraus abschreiben. Sie bietet mir dagegen an: »Geben Sie mir Ihr Tagebuch; ich mache das für Sie!« So komme ich zum authentischen Text – ein Sonderservice zur gewährten Gastfreundschaft.

Ich hatte nur eine Frage gestellt, und was war daraus geworden? Als ich mich nun verabschieden will, geht Mrs. Coughlan ins Nebenzimmer und kommt mit einem Frotteetuch zurück. Sie knetet es verlegen zwischen ihren Händen:»Nehmen Sie das, das ist für Ihren Fahrradsattel – zum Unterlegen. Der ist doch bestimmt ganz durchgeweicht!« Sie schüttelt sich. »Wollen Sie denn wirklich weiter? Es beginnt schon wieder. Warten Sie doch hier bis...« Ich will weiter! Gegen dieses Wetter helfen nur Berge als Schutzschild, also weg von der Küste!

»Danke für das Handtuch, Mrs. Coughlan. Ich brauche es wirklich nicht; über meinem Sattel ist ein Schutzbezug.« Ich winke zurück. Die Frau steht in der Tür, knetet noch immer das Tuch.

Dieser 17. Mai sollte kein Rekordtag werden und wenn, dann allenfalls ein meteorologischer. Der irische Regen ist also da! Ich teile mit meinen Rädern das Wasser auf der Straße, balanciere den böigen Wind aus. In dem Restaurant hatte mir ein Mann verschiedene Tips gegeben: ein Pub, einen Dichter, einen Pilzkenner, einen ausgewanderten Deutschen, ein uriges Geschäft mit dem interessanten Namen »Black Shop«. Der Regen schwemmt all diese Möglichkeiten hinweg. Mir ist eigentlich nur noch nach einem Dach über dem Kopf. In dem Ort *Sneem* finde ich es. Mein Stopp gleicht einem Aufgeben. 24 Kilometer sind wirklich kein Rekord!

Es gibt Dinge, die könnte man unerwähnt lassen, besonders da ich doch auf dieser Reise an so viele liebenswerte Menschen geraten war. Aber dort, wo sich bereits der Tourismus festgesetzt hat, keimt auch anderes. Wie sagte doch ein Mann zu mir? »Du warst in Dingle? Hast du gesehen, wie komisch die Leute dort ihren rechten Arm halten? Es sieht aus, als sei dieser am Ellbogen an den Körper gebunden. Das kommt daher, weil sie immer die Hand aufhalten!« Hier in Sneem erlebe ich nun etwas, das in dieses Bild paßt. Schön, daß es die Ausnahme blieb!

Das »B & B« sieht wie viele andere aus. Auf mein Klingeln öffnet mir die Besitzerin. Vor ihr steht eine Wasserratte. Na und, auch ein Hund, den man Gassi schickt, kommt manchmal naß zurück – und dreckig dazu! Was gibt es da bei einem Radler, der im Regen steht, so zu schauen? Blicke und Mundwinkel lassen sich wie Schriftzeichen deuten. Die Augen sahen schon die Wasserspur, die ich durchs Haus ziehen würde, die Mundwinkel hingen so, weil die Frau an die Pfützen dachte, die sie würde wegwischen müssen. Ich weiß schon genau, was folgt, noch bevor die Frau meine Frage erwidert. Dem »Ich muß erst einmal nachschauen, ob ich noch ein Zimmer für Sie habe!« folgt das Türeschließen. Als die Tür sich wieder öffnet, höre ich die zweite Ausrede: »Ich habe nur ein Dreibettzimmer frei, aber das wäre ganz sicher zu teuer für Sie!« In wie vielen Mehrbettzimmern hatte ich schon geschlafen, und nie brauchte ich die leeren Betten mitzubezahlen! Ich könnte auf das stummgebliebene »Versuchen Sie es doch woanders« reagieren und alle drei Betten mieten, zur Gaudi dann in jedem von ihnen einen Kurzschlaf halten und der Frau am nächsten Morgen das Wechselgeld schenken.

Doch ich habe keine Lust hierzubleiben. »Kein Problem!« sage ich daher. »An der nächsten Tür wird man mich sicher akzeptieren!« Das trifft! Die Mundwinkel versteinern.

Wenige Minuten später sitze ich vor einer heißen Hühnerbrühe zum Aufwärmen. Mein Regenanzug trocknet im Wascheraum nebenan. Zwei verschiedene Türen, zwei verschiedene Menschen – ein Beispiel, der Wahrheit zuliebe.

Da mich die Wetterentwicklung natürlich sehr interessiert, frage ich meine Gastgeberin nach der Wettervorhersage im Fernsehen. Aber statt dessen bekomme ich eine andere Vorhersage zu hören, eine, die hier mehr zählt. Der Mann vom »Black Shop«, so erfahre ich, habe gesagt, daß es heute abend noch schlimmer würde, auch morgen nichts als Regen! Da war der Name des alten Geschäftes wieder. Leider liegt der »Black Shop« schon ein Stück zurück. Mit gesenktem Blick im Regen hatte ich ihn nicht bemerkt. Schade! Aber dem Wetter einmal abgetrotzte Kilometer gibt kein Radler wieder her.

Vor meinem Fenster schwappt das Wasser aus der Regenrinne, sie faßt die Massen nicht mehr. Aus den Fallrohren der Häuser schießt die Flut, als wären diese an Pumpen angeschlossen. Der

Snee, zu normalen Zeiten wohl nur ein harmloses Flüßchen, ist zu einem reißenden Wildwasser angeschwollen. Sein Rauschen vermischt sich mit dem des Sturmes. Mir tun alle Radler leid, die dieses Wetter auf freier Strecke packt.

Das Tief ist durch. Dublin soll es ganz schlimm erwischt haben. Ich könnte dem Wetter langsam nachradeln – je größer sein Vorsprung, desto besser für mich! Auf meinem Tourenplan steht noch eine Menge Irland: die *Beara-Halbinsel, Clear Island,* der Leuchtturm am *Old Head of Kinsale.* Aber inzwischen habe ich auch Informationen darüber, was sich hinter mir über dem Atlantik erneut zusammenbraut. Dem Land stehen schon wieder nasse Tage bevor. So gibt es für mich nur eines: Weg von der Küste! Vielleicht hielten die Berge das Schlimmste ab.

Umplanen gehört zu einer Reise, auf der es keine Pflichtpunkte gibt. So schwenke ich nach Nordosten. Langsam näherte ich mich damit Dublin; und vielleicht wurde die Stadt zum Schlupfloch für mich, denn kein Sturmtief vermag ein Flugzeug einzuholen.

Rückweg mit Umwegen

Für den Weg ins Inland wähle ich kleine Nebenstraßen. Diese bringen nicht nur mehrere Bergriegel zwischen mich und das nächste Sturmtief, sie führen auch vom touristischen Irland zurück in das Irland der Bilder. Schafe, die in der Nische einer Haustür lagern, Kinder, die einen Regenbogen an eine alte Wand malen, ein Autofahrer, der tanken möchte, aber vergeblich darauf wartet, daß jemand die Zapfsäule einschaltet. Ich sehe im Vorbeifahren, was er nicht sieht, das handgeschriebene Schildchen an der Tür: »Ring for petrol!« Ich rufe ihm zu, daß er an der Tür klingeln muß.

Wie sagte doch Nietzsche? »In jedem Manne steckt ein Kind, und das will spielen.« Und immer, wenn ich gut gelaunt bin, werde ich kindisch und übermütig. Jetzt »spiele« ich mit einem Postmeister. »Dieser Brief soll nach Deutschland: per Luftpost,

Bonbons, zwei Pence das Stück!

Einschreiben, Expreß, und bitte stempeln Sie die Marken sauber, sie sind für einen Sammler!« So viele Sonderwünsche und das alles nach Germany! Der Mann im »Grocery« mit »Post Office« oder dem »Post Office« mit »Grocery« beginnt in seinen Unterlagen zu blättern. Nach Minuten der Ratlosigkeit wird er fündig. Er wendet sich mir zu: »Per Eilboten gibt es gar nicht!« Ich korrigiere ihn: »Nicht in Irland, aber bei uns! Ein solcher Brief wird am Wohnort des Empfängers sofort ausgetragen. Das müßte doch...« Lange Rede, verkürzte Sendeart. Wir können uns nicht einigen, also dann nur »Airmail, Registered«. Danach zeigt mir der Postmeister, wie sauber er stempelt: »Ist es gut so?« Ich nicke. Er zielt weiter. Elf Briefmarken »Irische Kunstschätze« hatte ich aufgeklebt – wirklich für einen Sammler –, elfmal landet der Stempel einen Volltreffer.

Kein Irlandbesucher sollte sich diese ländlichen Postämter entgehen lassen. Ein gutes Dutzend von ihnen hatte ich besucht, meine Neugierde durch kleine Briefmarkenkäufe kaschiert. Jedes der Ämter hat etwas »von gestern« an sich; das macht sie so reizvoll. Da blühen Blumen auf einem Fensterbrett, das so breit wie das ganze Amt ist; da fehlt zugunsten des Schlitzes zum Briefeinwurf eine der Fensterscheiben; da ist ein solcher Einwurf auch schon mal gegen den Regen mit einem Stück Autoschlauch abgedeckt. Und bei besonderen Wünschen, etwa bei der Frage nach einem »Postpack«, dem in der Post käuflichen Versandbeutel, kann es vorkommen, daß man zum nächsten Amt weitergeschickt wird. Nun verspricht mir ein kleines grün-weißes Schild ein weiteres Posterlebnis: »Oifig an Phoist, Post Office Cillyarbein«. Wie eine große hölzerne Kiste steht das Postamt in der Ecke des Gemischtwarenladens – sozusagen eine überdimensionale Verpackung von irgendeiner gelieferten Ware. Die »Versandzettel« daran sind Hinweise für die Postkunden und Allgemeines für die Bürger von *Cillyarbein.*

Ich komme gleich zur Sache: »Dürfte ich von Ihrem Postamt eine Aufnahme machen?« frage ich den Verkäufer schon beim Eintreten. Dieser antwortet weder mit Ja noch mit Nein. Er sagt etwas ganz anderes: »Wo soll ich mich hinstellen?«

Unsere Stimmen haben einen weiteren Mann angelockt; er schaut aus der halb geöffneten Tür im Hintergrund – vielleicht der Bruder des Verkäufers. Der weist ihn sofort ein: »Stell dich dort hin! Der möchte ein Foto machen!« Leider ist für zwei Personen zuwenig Platz, und so muß sich der andere mit einem Blick durch den Spalt zwischen den angehefteten Papieren begnügen. Nach ein wenig Regie sieht das Ganze »echt« aus, denn der Verkäufer hatte sich extra für das Foto eine Zeitung gegriffen und postiert sich damit hinter den Schalter. Aus Höflichkeit kaufe ich dem Mann seinen ganzen Kuchenvorrat ab. Briefmarken kann ich wirklich nicht mehr gebrauchen. Fazit: Jedes Postamt lohnt!

Ich biege nach Osten ab. Das Sträßlein wird noch nebensächlicher. Auf einer Katzenbuckelbrücke überquert es den Fluß *Roughty,* folgt diesem bergan und führt mich zurück in eine typisch irische Ginsterlandschaft. Sogar etwas einsam wird es hier oben, selten ein Haus, ein Gehöft. Völlig ungewollt komme ich am höchstgelegenen Pub des Landes vorbei. Es nennt sich »Top of Coom«. Vielleicht lohnt das Hineinschauen! Das Pub selbst ist nichts Besonderes, ungewöhnlich ist nur der Service. In

Blumen auf dem Fensterbrett vor einem Postamt

welchem Pub wird man schon fachmännisch wie hier von einem zehnjährigen Mädchen bedient? Eileens Vater, das erfahre ich unter anderem, sammelt alte Banknoten. Auch ein 1 000-Reichsmark-Schein befindet sich darunter. Schwierig wird es, als ich nach etwas zu essen frage. Da muß Mama her. Diese bedauert: »Keinen Schinken im Haus, keine Wurst, keinen Käse! Sorry, nur Tomaten – und Toast!« So esse ich ein ganzes Körbchen voll luftiger Brote. Die Menge macht's.

Noch immer Ginsterlandschaft. Ich überhole einen Torfträger. Der Mann schleppt sich mit großen Plastiktüten voller Brenntorf ab. Er kann sich damit nur bei einer der zurückliegenden Farmen eingedeckt haben. Was für eine Plackerei! Später komme ich an seiner Behausung vorbei, mehr Ruine als wirkliches Haus. Mein Gott, wie mag es da erst innen ausschauen!

Ein paar richtige Häuser in ... *lea*, der Rest des Ortsschildes fehlt. Eine für die Öffentlichkeit aufgestellte Personenwaage weckt mein Interesse. An ihr bittet ein Schildchen: »Put nothing in this machine please, only twopence! – Werfe in diese Maschine bitte nur Zweipencemünzen ein!« Der Fünfpfennigspaß reizt mich! Die Kupfermünze verschwindet im Schlund der Maschine, der Zeiger zittert. Ich wippe mit dem ganzen Körpergewicht nach. Mit dem Geräusch eines alten Uhrwerkes rückt der Zeiger in Position, rastet hörbar ein. Ich wiege »zwölf stones«, fünf »pound« und ein paar »ounces«. Seit wann gibt es in Irland das Dezimalsystem? Wohl seit gut 20 Jahren – aber nicht in ... *lea*. Meine Münze mag die letzte gewesen sein, die in diesen Schlitz eingeworfen wurde, bevor die Waage eines Tages auf der Schrotthalde landet.

Ich wurde beobachtet. Gardinen hatten sich bewegt, Türen einen Spaltbreit geöffnet. Jetzt beruhigen sich die Vorhänge wieder, die Türen fallen leise ins Schloß. Ein Fremder in ... *lea*!

Das letzte Haus. Ich drehe mich nicht nach dem Ortsschild um und werde so nie erfahren, wo diese Waage stand. In meiner Karte war das Dorf nicht verzeichnet.

Die Hauptstraße, sogar eine richtige, von *Killarney* nach *Cork!* Ich habe den Eindruck, die Lkw-Fahrer zielen auf meinen rechten Ellenbogen, also nichts wie runter von diesem Highway! Bei dem Ort *Macroom* bietet sich die Gelegenheit dazu. Wo einen der Zufall hinführt: Jetzt radle ich durchs Tal des *River Lee* – statt, wie einst geplant, am Fuße der *Caha Mountains*.

Es ist ein liebliches Stückchen Irland, durch das mich diese Straße führt. Da waren sie wieder, die »rolling hills«, von denen die Indianerin gesprochen hatte. Solche Berge machen eine Landschaft weich, nehmen ihr die Kanten. Daß es jetzt nicht mehr weit bis nach *Cork* ist, erkenne ich zunehmend an der Bierreklame. So wie das norwegische Bergen auf die Hauptstadt Oslo herabschaut, so wenig benötigt Cork Dublin mit seinem Guinness. Hier trinkt man »Murphy's«.

Zwei Zebraherden hetzen über einen Sportplatz: Jungen und Mädchen, die flink wie Wiesel »Galic football« spielen. Löwen, so heißt es, können fliehende Zebras schlecht schlagen, weil ihnen deren Streifenzeichnung vor den Augen flimmert. Bei diesem Match Schwarz-Weiß gegen Gelb-Schwarz ist die Wirkung ähnlich, man sieht nur flitzende Streifen.

»Wer spielt denn da?« frage ich einen der Zaunsteher.

»Under ten, Canouee – Donoghmore!« kommt es zurück. Also die Juniormannschaft der bis Zehnjährigen. Der Mann tritt etwas zur Seite. Ich soll mit zuschauen. »Danke! Verdammt nett, aber ich möchte weiter!«

Von den vielen Zebras zu den Löwen, den Adlern, den Hunden, den Hühnern. Man findet diese paarweise an Einfahrten. Sie klassifizieren sozusagen den Besitzer des Hauses: »gehobene Mittelklasse«, »betont ordentlich«, »etwas spießig« ... Jetzt begrüßen mich zwei Gipsschwäne. Ich habe dieses »Bed and Breakfast« gewählt, weil es die anderen Angebote durch einen kleinen Hinweis ausstach: »Homemade bread!« Selbstgebackenes Brot! Das muß ich ausprobieren!

Die Freundschaft mit Mrs. Dripsey beginnt bei einer Kanne Tee und vier Scheiben Marmeladenbrot. »Selbstge...!«

»Ich weiß, Mrs. Dripsey! Ich habe das Schild gelesen, und ich schmecke es!«

Ihr Lächeln legt noch etwas zu. Das Erzählen, dafür bitte ich sie um Verständnis, möchte ich lieber auf morgen verschieben. Hinter mir liegt ein anstrengender Bergtag. So falle ich recht früh in ein Rosenbett. Das Motiv wiederholt sich auf dem Rand des Handtuches – und draußen vor dem Fenster.

Die Straße schlenkert wie der Fluß. Eigentlich schade, daß sie schon zu Ende ist! »Willkommen in Cork!« Das Schild nennt die Einwohnerzahl der Stadt. Sie endet mit fünf Nullen. Die letzte Null ist durchgestrichen und durch eine Eins ersetzt. Spaßvögel gibt es überall.

Ich frage mich zum Postamt durch: Auslandsgespräch. Der Polizist, den ich anspreche, fragt zurück: »Und was ist mit Ihrem Gepäck, während Sie telefonieren?«

»Nun, das bleibt am Rad!«

Der Mann warnt mich: »Das können Sie nicht machen, nicht hier in Cork! Man wird es Ihnen vom Rad stehlen. Sorgen Sie für eine Bewachung!«

Schade, denke ich, die Zeichen der Zeit haben nun auch Irland erreicht. Am Postamt übergebe ich mein Bike einem Sicherheitsbeamten, der den Personaleingang bewacht. Er quittiert meine Bitte, es in seine Obhut zu nehmen, mit einem so lässigen Okay, daß ihm diese Aufgabe nicht neu sein kann.

Cork ist keinen Besuch wert. Arg vom Verkehr belästigt, manchmal hilflos eingeklemmt, versuche ich trotzdem eine Stadtbesichtigung. Altes ist hier nicht wie sonst üblich naturfarben grau, sondern meist rotbraun, die Farbe der Ziegelsteine. Ganze Straßenzüge sind so Kopien der Arbeiterviertel von Liverpool. Bismarcksche Kasernen haben das gleiche Flair. Ich bleibe bei meinem Urteil. Wenn wenigstens am Hafen Trödelmarkt wäre, doch da werden heute Kohlen ausgeladen. Mir ist zurück nach Donegal, nach Connemara – meinetwegen auch nach Dingle, nur nicht Cork!

Schnell kann man per Rad nur auf Hauptstraßen sein, und eine solche wähle ich jetzt, die »E 30«. Schon ist die Stadt aus dem Blickfeld. Ich frage meine Karte: »Diagonal nach *Lismore,* oder gleich weiter weg von der Küste, die mit ihrem Wetter wieder unangenehm nahe ist?« Die Lösung heißt *Michelstown Caves.* Angeblich sind die Höhlen Irlands schönste Unterwelt. Sie liegen am Fuß der *Galty Mountains.* Damit ist der neue Kurs vorgegeben: direkt Nord!

Wenn manche Leute von Reisen berichten, dann war oft alles super. Ich kann da nicht mitreden, Super gibt es bei mir nur an Tankstellen. Meine Erlebnisse liegen dagegen im Wortschatz ganz verstreut. Ich finde die Dinge »erfrischend«, sie gehen »unter die Haut«, sind »erheiternd«, »bemerkenswert« und vieles mehr. Es sollte mir davon noch so manches begegnen.

Nach einer unangenehm nassen Nacht an einem Berghang rechne ich eigentlich damit, in der Nähe der Tropfsteinhöhlen ein Zimmer zu finden. Schließlich erwähnt jeder Reiseführer die *Michelstown Caves*. So etwas lockt Neugierige an, und das bringt normalerweise Unterkunftsmöglichkeiten mit sich. Ich sollte mich täuschen!

Das Dorf nennt sich *Ballyporeen*, es liegt fast in Sichtweite der Höhlen. Ich finde dort einen »Ronald Reagan Pub« und eine »Remembering Hall«, aber kein »B&B«. Man schickt mich weiter – nach *Clogheen*, dort gebe es zwei oder drei Möglichkeiten. Zur Distanz, die mir der Mann nennt, addiere ich freiwillig eine Meile – »irische Maße« sind mir inzwischen geläufig. Es heißt, die Iren sagten einem Fremden ungern die wirkliche Entfernung, weil sie es gut mit ihm meinten. Kaum habe ich Clogheen erreicht, bin ich schon wieder durch – von »Bed and Breakfast« keine Spur. Da hilft nur wieder fragen.

Die Angesprochene, eine Frau die gerade vor ihrem Haus fegt, stützt sich auf den Besen: »Bed and Breakfast? Nein, das gab es hier einmal. Hat sich wohl nicht gelohnt. Aber vielleicht in Ballyporeen?« Als ich ihr sage, daß ich von dort gerade komme, ist sie erstaunt: »Hat man dort auch aufgegeben?« Sie überlegt. »Warten Sie einmal, da war eine Farm...!« Die Frau lehnt den Besen an die Wand und verschwindet in einem der Nachbarhäuser. Als sie zurückkommt, steht ihr der Erfolg im Gesicht geschrieben: »Ich habe was herausgefunden! Auf der Ballyboy Farm! Man hat dort schon angerufen, Sie können gleich hinfahren!«

Eine typisch irische Wegbeschreibung, und ich stehe vor Ballyboy. Ein großer Misthaufen, ein Traktor, ein Herrenhaus. Aha, denke ich bei dem Anblick, das erstere bringt wohl das Geld! Ein junges Mädchen öffnet mir: »Guten Tag! Sie sind sicher...?« Man wußte also Bescheid.

115

Schwarze Dielen, darauf wuchtig Gedrechseltes und Geschnitztes, ein großer Messinggong. Links schweres Mahagoni, rechts seidigglänzender Samt. Zwei Hirschköpfe blicken auf den Fremden herab. Nanu, wo war ich denn da gelandet? Die Kühe, die den Mist machten, müssen verdammt zahlreich sein, vom berühmten Kleinvieh konnte das nicht kommen. Auch mein Zimmer ist mit Brokat und Ölgemälden ausgestattet, das Badezimmer – versteht sich – ist nur für mich.

Tee und belegte Brote bekomme ich am Kamin gereicht. Die Stoffserviette mit Häkelrand paßt dazu. Ich will mich setzen und versinke; die dicke Polsterung haucht die Luft aus. Ein Blick in die Runde: hinter mir ein schwarzes Klavier (Saimond, Paris-London), gegenüber das wohl neueste TV-Modell, der Ton auf »dezent« gestellt. Das Feuer im Kamin flackert leise.

Ich erlaube mir die Frage: »Wie alt ist denn das Haus?« Die Antwort des Mädchens kommt höflich, doch Stolz ist herauszuhören: »262 Jahre und seither immer in Familienbesitz.«

»Und was bedeutet Ballyboy?«

»Das ist eine Pflanze, ähnlich wie Klee, nur etwas kleiner.« Ich bedanke mich für die Auskunft. Das Mädchen deutet eine kleine Verbeugung an, verziert diese mit einem Lächeln. Man sieht die gute Erziehung!

Wo bekomme ich jetzt eine Krawatte und ein paar vernünftige Hosen her? Und überhaupt, sollte ich meine Boots nicht besser ausziehen? An den Stiefeln hing wohl noch der Torf aus Donegal und im Sohlenprofil der Kies von der Ballinkelligs Bay! Ich frage mich das zwar im Spaß, aber gespannt bin ich schon, was die Herrin des Hauses und ihr Gemahl für Augen machen werden. Schlecht vorstellbar, daß in diesem Haus schon jemals so ein Outdoor-Typ logierte.

Stimmen werden laut. Die Tür fliegt auf: »Halli, hallo!« Ein etwas unordentlicher Dauerwellenkopf schaut um die Ecke. »Willkommen auf Ballyboy! Ist das Ihr Fahrrad? Alles klar!« Eine Frau tritt auf mich zu und stellt sich mit »Breeda Moran« vor. Die mir entgegengestreckte Hand zieht mich fast aus dem Sessel. (Wie kommt man aus einer solchen Versenkung auch wieder hoch?) »Hat meine Tochter Sie gut versorgt? Wir werden gleich miteinander reden, gleich, gleich, gleich – möchte mich nur schnell umziehen!«

Wie erfrischend natürlich, diese Mrs. Moran! Dabei hatte ich doch eher verstaubte Etikette erwartet. Erst kommt ein Whiskey ins Kaminzimmer, von der Tochter artig lächelnd serviert, wenig später folgt die Einladung in die Küche von Breeda Moran persönlich: »Kommen Sie, dort ist es gemütlicher als hier!«

Da sitze ich nun an einem Tisch, der gut in einen Burgfried paßte. Gegenüber, nachträglich in den Kamin geschoben, ein Monstrum von Kohleherd, rechts ein hölzernes Butterfaß, noch zum Kurbeln, daneben das Tellerbord. Es mußte – samt Inhalt – so alt wie das Haus sein. In dieser Küche *konnte* man sich nur wohl fühlen. Wir reden über Landwirtschaft und biologische Ernährung, übers Tapezieren – was Mrs. Moran selbst macht – und über Möbel. Ihr letzter Fund war ein großer Medikamentenschrank aus einer aufgegebenen Apotheke. Hinter dessen Glastüren sind nun Bücher und Porzellan besser vor Staub geschützt. Natürlich ist auch meine Reise ein Gesprächsthema. Inzwischen war Mr. Moran, John, hinzugekommen. Was erlebte nun ein Radler in Irland, wollte er wissen, wie sah er das Land? Hier gelingt es mir, meine Gastgeber zu überraschen. Hatte ich nicht genug Geschichten auf Lager?

Am nächsten Morgen bekomme ich ein Frühstück, als hätte ich die ganze Tour noch vor mir. Schließlich endet mein Besuch auf Ballyboy mit zwei kleinen, anmerkenswerten Begebenheiten: Von den beiden Geldscheinen, die ich bereits für die Bezahlung lockergemacht hatte, wobei ich mir nicht sicher war, ob diese wohl reichten, kann ich einen wieder wegstecken. Mit einem solchen Freundschaftspreis hatte ich nicht gerechnet.

Zum Abschied reicht mir Mrs. Breeda Moran dann ihre Wange. Ich drücke einen unverschämten Kuß darauf – und sie lacht!

Ich fahre zurück nach Ballyporeen mit Ziel Michelstown-Höhlen. Im Ort entdecke ich erst jetzt die alte Zapfsäule. Es mußte lange her gewesen sein, daß aus ihr einmal Benzin floß. Das Besondere daran: Kinderhand hatte sie mit keltischen Ornamenten bemalt. In Gedanken suche ich nach einem Vergleich: Hatte ich bei uns jemals Runen als Graffiti gesehen? Ich hole die Kamera hervor...

Ein Fremder in einem kleinen irischen Dorf. Da bewegen sich Gardinen, die Türen öffnen sich einen Spaltbreit. Eine der Türen geht ganz auf. Die Frau ist mutig. Sie kommt auf mich zu und spricht mich an: »Warum fotografieren Sie das?«

Ich versuche eine Erklärung: »Wenn bei uns Kinder Wände oder ähnliches bemalen, dann mit Autos, mit Flugzeugen – vielleicht auch mit Bäumen oder einfach bunt. Dieses hier ist etwas ganz anderes!«

Die Frau nickt und geht ins Haus zurück. Ich sitze bereits wieder im Sattel meines Rades, als hinter mir Rufe ertönen: »Hallo! Einen Augenblick bitte!« Ich halte, drehe mich um. Es ist wieder die Frau! Sie winkt mit einem hellen Gegenstand in der Hand. Ich fahre also zurück – und was gibt sie mir? »Das soll ein Andenken für Sie sein – an Ballyporeen. Wir fertigen sie hier im Dorf!« Damit überreicht mir die Frau ein kleines Porzellanglöckchen – ein Glöckchen mit Shamrockmotiv!

An der für die Besichtigung freigegebenen Tropfsteinhöhle – es gibt hier wohl mehrere – gerate ich an den Hund des Farmers, dem die Höhle gehört. Der Vierbeiner hat in mir wohl einen Spielgefährten entdeckt und rennt mich vor Freude fast um. Und schon beginnt ein Gespräch mit dem Hundebesitzer. Der Farmer, es ist Mr. English, erzählt mir etwas über »seine« Höhle – wie er die Stufen anlegte, den Schutt im Zugang beiseite räumte, die Lichtanlage installierte. Obwohl er an den Touristen verdient, kritisiert er manche als uneinsichtig. Einige nennt er beim Namen. »Amerikaner«, so der Farmer, »beschweren sich immer wieder, der Zugang zur Höhle sei zu eng, ich sollte ihn erweitern. Warum nehmen die sich keine Zeit? Sollen sie doch langsam gehen! Die Natur hat verdammt lange gebraucht, um die Höhle zu bauen, und jetzt will man schnell rein und schnell wieder raus!«

Wir sind uns hier einig. Es gibt Leute, die reisen mit einer Checkliste durch die Lande – da wird Zeit zur Qualitätsfrage. Als ich dann von Mr. English die Broschüre über die Höhle kaufen möchte, meint er: »Stecken Sie Ihr Geld weg! Das ist schon in Ordnung!« Wieder eine kleine Geste, die zeigt, daß in diesem Land vieles noch in Ordnung ist.

Sicherlich kann sich diese Tropfsteinhöhle nicht mit Berühmtheiten wie denen von *Postojna* messen, aber Erdgeschichte ist immer interessant. Man braucht nur die Zeitmarken zu bedenken. Millionen Jahre vor dem ersten Keim der Menschheitsgeschichte floß hier ein unterirdischer Fluß. Er zwängte sich dort durchs Gestein, wo heute die Farm von Mr. English steht. Den Gang, den er spülte, schmückte die Natur nach seinem Versiegen mit Stalaktiten und Stalagmiten. Den nächsten Zentimeter Wachstum dieser Tropfsteine werden weder der Bauer noch seine Kinder erleben. Die Natur kennt keine Eile.

Aus der Unterwelt zurück, spricht mich ein älterer Mann an. Mein Rad hatte sein Interesse gefunden. Ein Wort ergibt das andere. Die Bekanntschaft endet für mich mit einer Einladung: »Wenn Ihre Hauptrichtung Dublin ist«, meint er, »dann kommen Sie doch bei mir in Urlingford vorbei – auf eine Tasse Tee, das heißt, natürlich haben wir auch ein Bett für Sie!« Ein solches Angebot schlägt man nicht aus. Es ist dies bereits das vierte Mal, daß ich mich heute bedanken muß.

Weiter geht es, jetzt mit Ostkurs. An der Straße, sie führt nach *Caher*, liegt ein kleines Antiquitätengeschäft, besser ein Trödelladen, in dem es auch Getränke und das Nötigste an Lebensmitteln gibt. Ich will eigentlich nur kurz hineinschauen, vielleicht ergibt sich ein kleiner Kauf: ein paar alte irische Geldscheine – sie passen gerahmt gut zu Büchern – könnte ich gebrauchen. Doch es ergibt sich etwas ganz anderes.

Mein »Fehler« ist, daß ich beim Eintreten so frei heraus mit: »Hallo! Guten Morgen!« grüße. Die Händlerin schaut mich erstaunt an. »Na, Sie sind vielleicht aufgekratzt! Sie müssen sich recht wohl fühlen!« Zwei Minuten später sollte ich mich noch wohler fühlen. Ich sitze in der Küche von Mrs. Mairéad Hickey bei Tee und Brot mit Margarine und Marmelade – selbstgemachter! Und da Mrs. Hickey mitbekommen hat, daß mein Tagebuch voll ist, drückt sie mir zum Abschied ein »Milch-Buch«, wie sie es nennt, in die Hand: »Nun können Sie weiter Erlebnisse sammeln!« Das sollte ich auch, gleich draußen vor der Tür!

Dieses Mal sitze ich noch nicht wieder im Sattel, als hinter mir, wie in Ballyporeen, ein »Hallo, einen Augenblick bitte!« ertönt. Die Kundin, die eben erst das Geschäft betreten hatte, war wieder herausgekommen und spricht mich an. »Sie fahren mit dem Rad durch unser Land? Wir sind die Hylandfamilie, aus Caher. Sie sind herzlich bei uns eingeladen.« Ich bin verblüfft. Welche Werbung hatte da die Trödlerin in weniger als einer Minute für mich gemacht? Aber dieses Mal muß ich leider ablehnen, hatte ich doch für heute abend schon eine Einladung. Und in zwei Betten gleichzeitig kann man nicht schlafen.

Meine Tour ist etwas ziellos geworden. Durch die Einladung nach *Urlingford,* die distanzmäßíg heute nur knapp zu schaffen ist, werde ich eine weite Schleife zurückfahren müssen. Doch solche Bekanntschaften sind mir einen Umweg wert.

Der Mann hatte mir nicht einmal seinen Namen genannt, nur die Lage des Hauses, bezogen auf eine Tankstelle, beschrieben. Für Urlingford reichte dies. Eine lange Straße mit Häusern, das war's. Wer konnte sich da schon verirren!

»Guten Abend, hier bin ich, der Radler von den Michelstown Caves!«

»Sagen Sie mal, wieviel Kilometer schaffen Sie denn am Tag?« werde ich erstaunt gefragt.

Ich schiebe die Leistung auf den Wind, zitiere den alten Segenspruch aus dem Pub in Donegal: »May the wind always be at your back ...!«

Da sitze ich wieder einmal. Selbst als Vielfraß schaffe ich nicht alles, was man mir auftischt. Es folgt jenes Frage-und-Antwort-Spiel über meine Tour, bei dem beide Seiten etwas lernen können, Gastgeber und Gast. Später werden Steine identifiziert, Souvenirs von den Reisen des Hausherrn. Ich bin bei einem Sammler gelandet.

Auf dieser Tour hatte ich schon so manchen Drink probiert. Jetzt bietet man mir mit geheimnisvoller Miene ein besonderes Wässerchen an, eines von jener Sorte, die – wenn überhaupt im

Pub erhältlich – nur unter dem Tresen ausgeschenkt werden. Dies ist auch der Grund, weshalb ich den Namen meines Gastgebers nicht nenne, denn er weiht mich ein: »Wenn jemand erfährt, daß ich das Zeug im Haus habe, bekomme ich Schwierigkeiten. Die Polizei kennt da kein Pardon!« Er stellt das Glas vor mich hin. »So etwas werden Sie nirgendwo kaufen können!« Der Inhalt ist wäßrig-klar.

Ich rieche daran. »Ist das Schnaps?«

Mein »Wirt« klärt mich auf: »Poitin, schwarzgebrannter Kartoffelschnaps. Ich mache ihn nicht selbst. Er kommt von einem Bauern aus den Bergen. Das genaue Rezept kenne ich nicht – Kartoffeln, Korn... Trinken Sie ihn ganz langsam. Er haut ein Pferd um. Jemand wollte mir das einmal nicht glauben, aber kaum hatte er das Glas hinuntergekippt, war es aus mit ihm. Erst riß er die Augen auf, dann den Mund, um nach Luft zu schnappen. Doch er bekam keine mehr. Schließlich fiel er um!«

Auf diese Art vorgewarnt, probiere ich einen kleinen Schluck. Heiß läuft es durch meine Kehle, heiß glüht es im Bauch nach. So mußte der Name Feuerwasser entstanden sein. Ich hoffe nur, daß der Bauer in den Bergen sein Werk versteht. Es soll Fälle geben, da werden Leute nach dem Genuß von Selbstgebranntem blind!

Am nächsten Morgen folgt nach einem Hundertkilometerfrühstück ein herzlicher Abschied. Links die Kameratasche und das Waschzeug, rechts eine Ellenbogenhaltung, wie man sie den Leuten in Dingle nachsagt, habe ich beim Händeschütteln etwas Probleme. Doch der angeklemmte Arm ist notwendig. Mein Gastgeber hatte mir einen Bildkalender zugesteckt, ich sollte sein Haus nicht mit leeren Händen verlassen. Irland in Farbe, schon wieder ein Souvenir!

Am besten, man schickt so etwas gleich nach Hause, denn im Radgepäck verknickte der Kalender nur. Dieses Mal ist es kein »Airmail Registered Fast Delivery Letter« nach Germany, sondern nur ein »Printed Matter«, eine Drucksache. Auf dem Postamt von Urlingford findet sich dafür auch ein großer Umschlag. Nur, Drucksachen dürfen nicht zugeklebt werden, dabei würde die Portoersparnis bei diesem Gewicht immerhin ein paar irische

Pfund betragen. Jedes Problem ist lösbar! Die Frau am Schalter locht mehrfach den oberen Rand des Umschlages; es findet sich auch ein Stück Paketschnur, die, gegenläufig eingefädelt und am Ende zur Schlaufe gebunden, einen zu öffnenden Verschluß ergibt. Nun zeigt sie mir stolz das Ergebnis. Hinter mir ist ein kleiner Stau entstanden, alles alte Leute. Es sieht ganz nach Rentenzahltag aus. Ich entschuldige mich: »Tut mir leid, daß Sie warten mußten, es gab da ein Problem!« Die hilfsbereite Postfrau hatte es auf ihre Art gelöst!

Nun muß ich ein ganzes Stück zurückfahren, denn nicht nur *Cashel* hatte ich übergangen, sondern auch *Tipperary*. Beide Kleinstädte lohnten wohl, Cashel wegen seines Felsens und Tipperary wegen seines angeblich besonders irischen Charakters. Doch gerade davon bin ich enttäuscht. Das Begrüßungsschild, »You have come a long Way!« – wer kennt nicht den Song vom »langen Weg nach Tipperary«? – ist für mich das einzige Originelle an der Stadt, und Galway, um nur ein Beispiel zu nennen, ist zudem viel irischer. Ferner wird mir der Besuch Tipperarys durch eine Szene verleidet, die sehr an Heinrich Bölls Erlebnis mit »Padraic«, aufgeschrieben im »Irischen Tagebuch«, erinnert. Ich gerate an einen Hitlerverehrer. Ähnliches war mir bereits in *Kilrush* widerfahren. Dort hatte ich einen Mann nach dem Weg zur Shannonfähre gefragt und mir statt einer Antwort seine Philosophie anhören müssen. Auf seinen Handrücken hatte er mit Tätowierungen gleichwohl Gott wie auch die Armee gepriesen. Krieg hielt er für das richtige Mittel, um Völker zu dezimieren, was man, wie er sagte, in der Bibel nachlesen könne. Als er Hitler zu huldigen begann, hatte ich die Gestalt einfach stehengelassen und war weitergefahren. Hier in Tipperary passiert nun noch Schlimmeres.

In der Stadtmitte, nahe dem Denkmal, spricht man mich an. »Sie sind Deutscher, nicht wahr? Ich sehe das an Ihrem Fahrrad!« Als ich dem Mann das bestätige, reicht er mir die Hand: »Hitler war groß, wirklich ein großer...!« Ich habe die ersten Worte noch nicht verdaut, als es » klack « macht und ein gestreckter Arm himmelwärts zeigt. Der Mann wiederholt das Hackenschlagen – zweimal, dreimal. Mitten in Tipperary der Hitlergruß!

Kirche auf dem Devil's Bit Mountain

Was passiert jetzt? schießt es mir durch den Kopf, denn der Bürgersteig ist recht belebt. Ein paar Passanten drehen sich um, schütteln die Köpfe. Ein Mann bückt sich etwas, um unter dem erhobenen Arm hindurchzukommen, zeigt aber ansonsten keine Reaktion. Mein Gegenüber lacht, will mir auf die Schulter klopfen, trifft aber nicht mehr. Ich habe einen Schritt zur Seite gemacht und blockiere ihn mit dem Rad.

Es gibt sie also wirklich in Irland, diese Padraics, diese Verirrten, diese ewig Gestrigen. Man wird sie mit Argumenten nicht bekehren können. Am Ende wird die Biologie solche Fälle lösen.

Ganz anders dagegen *Cashel*. Diese Stadt spricht mich sofort an, auch wenn in ihr die Spuren des Tourismus nicht mehr zu übersehen sind. Schade nur, daß jetzt ein grauer Regenhimmel den Tag so dunkel macht.

Da liegt der »Rock«, jener Felsen, den der Teufel aus den *Devil's Bit Mountains* herausgebissen und hier wieder ausgespuckt hat. Die Kirche krönte den Felsen später mit sakralen Bauten, in denen man Siegessymbole sehen könnte. Der mäch tige Kalksteinfelsen ist für die Iren ein Geschichtsmonument. Namen, die Klang haben, sind mit ihm verbunden: König Corc, König Brian Boru, der heilige Patrick, Bischof Cormach MacCarthy... Man könnte glauben, das katholische Irland wäre um diesen »Rock of Cashel« herumgebaut worden.

Mein Kreuzen und Umwegefahren beschert mir noch ein ländliches Erlebnis. Ich sehe eine zusammengetriebene Herde Schafe, einen Haufen Wolle, ein elektrisches Schermesser, das an einer Art Holzgalgen hängt – hier hatte wohl die Schafschur begonnen. Fragenstellen gehört zu meiner Reisephilosophie. Da niemand in der Nähe ist, parke ich das Rad am Straßenrand und gehe hinüber zur Farm. Ich habe das Haus noch nicht erreicht, da steht schon der Farmer in der Tür und erwartet mich.

»Bei Ihnen sieht es ganz nach Schafschur aus«, beantworte ich die Frage in seinem Gesicht. »Wenn Sie heute noch weitermachen, dann würde ich gern in der Nähe bleiben – für ein paar Fotos.«

»Woher? – Wohin?« Schon beginnt das Ausfragen. »Mit dem Fahrrad durch Irland?« Wieder einmal muß ich die Strecke herunterbeten: »Dublin... Inishowen... Donegal...« Jeder der Namen, das spüre ich, wird zu einem Steinchen für eine zwischenmenschliche Brücke, und nach dem Vorstellungsgespräch ist sie gebaut.

Der Farmer ruft ins Haus: »He, Jungs, macht euch fertig! Es geht weiter! Da ist einer, der will sehen, ob ihr scheren könnt!« Zwei Burschen kommen heraus, bedeuten mir mitzukommen.

Auf dem Weg zur Wiese meint der Jüngere zu mir: »Der Rekord liegt bei 48 Sekunden! So schnell bin ich allerdings nicht!«

Mit Ho-ho-Rufen und Armeschwenken werden die Schafe eng zusammengetrieben. Als Schlupfloch bleibt ihnen nur eine schmale Tür in einen Pferch von Zimmergröße. Bald füllen sie diesen – im Sinne des Wortes eingepfercht. Nun wird das erste Tier gegriffen, herausgezerrt und mit einer Art Judogriff aufs Hinterteil gesetzt. Das Schaf staunt mit seiner ganzen Blödheit, was da vor sich geht, und ehe es sich's versieht, fällt die Wolle von ihm ab. Was für ein komischer Anblick, wie das Tier, auf seinem Hintern sitzend, sich seinen immer kahler werdenden Bauch

124

betrachtet. Fertig! Völlig konsterniert kommt es wieder auf die
Beine, schaut jetzt noch blöder als zuvor. Binnen zwei Minuten
hatte man es zur Ziege gemacht.

Die von mir gewünschten Bilder in der Box, bedanke ich mich
bei dem Farmer und den beiden »Jungs«. So ganz nebenbei habe
ich auch noch ein paar Informationen bekommen. Für das Pfund
Wolle erhielt der Farmer in diesem Jahr nur 15 Pence, zwei Pence
weniger als im letzten. Die Preise für Schaffleisch waren ebenfalls
schlecht. Das Problem hieß Überproduktion, die Ursache dafür
Subvention.

Die Burg ist in meiner Karte nicht verzeichnet. Sie muß wohl
geschichtlich unbedeutend gewesen sein. Mir fällt das Gemäuer
auf, weil es eigentlich gar nicht mehr als Burg auszumachen ist.
Efeu hat die Ruine erobert. Es war die Mauern emporgeklettert,
von Fenster zu Fenster gerankt und erklomm nun bereits die
Schornsteine. Kaum ein nacktes Stück Bauwerk war noch zu
sehen – die Natur als perfekter Verpackungskünstler. Dieses
Werk hatte sicher einen Namen.

Ein Haus, eine Tür mit einer Klingel. Der Rest ist fast schon
Routine: »Entschuldigung! Ich habe da eben...?« Die Antwort
kommt prompt, so als hätte die Frau auf den Fremden mit seiner
Frage nur gewartet: »Das ist Thomastown Castle. Aber man sieht
ja gar nichts mehr davon. Warten Sie einmal, ich zeige Ihnen, wie
es früher ausgesehen hat. Es gibt da einen Roman...!« Sie verschwindet für eine Minute, kommt mit einem Buch zurück und
zeigt auf den Umschlag: »Das war einmal Thomastown Castle!«
Ich bedanke mich bei der Frau für die Auskunft, »rieche« aber
bereits die Tasse Tee. Da bahnt sich die Einladung mit Fragen
auch schon an! Aber mir ist heute nicht mehr nach Teestunde. In
den letzten Tagen war ich nur wenige Kilometer vorangekom-
men. Ich mußte jetzt endlich mal wieder Distanz machen So
steige ich demonstrativ aufs Rad. Schade, daß es Situationen gibt,
in denen man Gastfreundschaft ausschlagen muß!

Die letzten Etappen

In meinem Kopf hatte sich der Name einer Stadt festgesetzt: *Kilkenny.* Sie wurde mir bereits in Donegal empfohlen, und jetzt – mit dem Ziel *Wicklow Mountains* – liegt sie genau vor mir. Kilkenny hat Charakter. Das ist Irland – pfeif auf Tipperary! Die »Black Abbey«, die »Laneways«, das Schloß der Earls of Ommode, dazu ein Treiben in den Gassen und Straßen, daß es eng wird. Aus einer Nische beim Postamt klingen die gezogenen Töne eines Akkordeons. Hundert Meter weiter tönt ein Biorán, dazu fiept eine Flöte. Ich gehe den Klängen nach und gerate an zwei Straßenmusikanten. Eine Münze, ein kleines Gespräch, schon habe ich mein Foto.

Der Besuch Kilkennys kann gar nicht ohne ein typisch irisches Erlebnis enden. Was ich noch immer suche, sind ein paar alte Geldscheine, da ich bei Mrs. Hickey nicht fündig geworden war. Man nennt mir einen Trödler. Vielleicht klappt es bei diesem. Als ich eintrete, schaut der Mann an mir vorbei auf das Fahrrad, das ich draußen vor seinem Laden abgestellt habe. Die erste Frage, die erste Antwort, ein Gespräch kommt in Gang, doch vorerst nicht mit dem Trödler, sondern mit einer Kundin. Die Frau ist bemerkenswert gut gekleidet. Wer in solcher Aufmachung in einem solchen Laden angetroffen wird, kann eigentlich nur Antiquitäten sammeln.

Offensichtlich hat sie unser Gespräch mitgehört. Jetzt wendet sie sich an mich. »Sie suchen alte Geldscheine?« Noch bevor ich antworten kann, zieht die Frau ihre Hand aus der Manteltasche und reicht mir etwas: »Hier, das ist für Sie! Leider habe ich kein altes Papiergeld, aber eine Münze.«

Ich staune. »Wieso? Wie komme ich zu diesem Geschenk?«

»Das ist kein Geschenk«, verbessert sie mich. »Das ist nur ‹a little gift›.« Egal, ob nun ein Geschenk oder nur eine kleine Gabe, für mich macht das keinen Unterschied. Doch ich komme nicht mehr dazu, nachzuhaken. An den Händler gewandt, verabschiedet sich die Frau: »Ich schau mal wieder herein!«

In meiner Hand liegt der große, alte Penny mit dem Auerhahn, Prägung 1942. Der Trödler macht einen langen Hals: »Schön,

Straßenmusikanten in Kilkenny

sehr schön! Sehr gut erhalten! Zeigen Sie mal!« Ich reiche ihm die Münze. Er betrachtet die Rückseite: »Wirklich sehr schön!« Nun kommen *wir* ins Geschäft. Der Mann hat ein paar alte Geldscheine vorrätig: den orangeroten »Ten Shilling«, das grüne »One Pound« und den braunen »Fünfer«. Genau so etwas suche ich. Auch der Preis, den er mir dafür nennt, ist vernünftig. Ich möchte nach dem Kauf schon gehen, als er mich zurückhält: »Warten Sie bitte einmal!« Er zieht eine Schublade heraus und wühlt in ihrem Inhalt. Es klingt nach Geld, nach vielen Münzen! Nun weiß ich, was jetzt kommt – die Frau hat ihn angesteckt.

Der Trödler fischt eine Münze heraus und legt sie vor mich auf den Tresen. »Da haben Sie noch einen alten irischen Penny, zwar ein bißchen jünger als der, den Sie eben bekommen haben, aber auch sehr schön! Und diese hier«, er legt eine zweite Münze daneben, »ist der ›Windhund‹, der alte irische Sixpence.« Es folgt eine dritte. »Und das ist der ›Bulle‹, ein alter irischer Shilling!« Nun mußte es ihm selbst aufgefallen sein, wie oft er allzu patriotisch die alten irischen Münzen angepriesen hatte. Er rührt mit der Hand in dem Münzfundus, holt ein viertes Stück heraus: »Das ist was Englisches!« Wie knapp das klang! Die Münze kullert zu den anderen. Ich nehme sie in die Hand und spreche das aus, was der Trödler wohl nicht sagen wollte: »Queen Elizabeth!« Jung schaut die englische Königin auf dem Drei-Shilling-Stück aus, noch jung und schön. Münzen sind wie Fotografien. Sie halten die Vergangenheit fest.

So reich beschenkt stehe ich wieder draußen auf der Straße und lache den Leuten ins Gesicht. Ein Mann dreht sich erstaunt nach mir um und denkt wohl: Der hat 'ne Macke! Nun ja, wer in diesem Land den richtigen Draht zu den Menschen hat, der wird vor Freude eben manchmal ein bißchen verrückt.

Inzwischen habe ich erneut auf einem Rosenmuster geschlafen, und nun bin ich auf der Suche nach dem »Hochkreuz von Moone«. Aber nicht nur, daß ich mich in den Wiesen verfahre, das Regengebiet, das die Meteorologen schon vor Tagen vorausgesagt hatten, scheint Irland erreicht zu haben. Ich »schwimme« wieder einmal.

Wie ich so gebückt gegen die nasse Unbill und inzwischen auch gegen die ersten Steigungen der Wicklow Mountains antrete, werde ich recht unangenehm an die Tage am Ring of Kerry erinnert. Wollten mir die Wettergötter diese Tour am Ende doch noch vermiesen? Sie werden es nicht schaffen! *Mein* Irland hatte ich bereits!

Eigentlich erstaunlich, daß man auch im Sturzregen ein gutes Stück Straße hinter sich bringen kann. Noch bevor es ganz dunkel wird, erreiche ich *Hollywood*. Dieses Dorf am Fuße der Wicklow Mountains ist das Original. Kaum einer kennt es. Ein Auswanderer hatte den Namen mit in die Staaten genommen. Seither spricht jeder über *jenes* Hollywood. Doch auch das irische hat seine Besonderheit. Es ist das einzige Dorf im Land, das nur aus einer Sackgasse besteht.

Was macht man, wenn in den Wicklow Mountains die Wolken aufliegen, wenn die Regenflut jede Straße zum Bach werden läßt? Man gräbt sich ein! »Bed and Breakfast« gibt es sogar im Sackgassen-Hollywood.

Lesen verkürzt sinnvoll jede Langeweile. Neben mir stapelt sich die Lektüre, alles Lokales. Mein Gastgeber hat sie mir zur Verfügung gestellt. In einem Land, wo es selbst in kleinen Dörfern eine »Geschichts-Gruppe« gibt, kann nichts in Vergessenheit geraten. Ich lese: 1941 trat im Gebiet von Hollywood die Maul- und Klauenseuche auf. – 1962/63 war der Winter der großen Schneekatastrophe. – Ein halbes Jahrhundert davor stellte man hier in den Felsen eine Statue des heiligen Kevin auf – besser, man wollte sie aufstellen! Da aber 1914 nur eine solche vom heiligen Antonius aufzutreiben war, nahm man diese und taufte sie in »St. Kevin« um. Heilig ist heilig! – Der bekannteste Charakter von Hollywood, so erinnern sich die Alten, war Vater Patrick Kavanagh, ein unorthodoxer Priester. Statt des üblichen Gewandes trug er alte Kleidung: Kniehosen, lange Strümpfe, Farmerstiefel. Seine besondere Eigenart: Er warf nie ein Bein über den Sattel seines Fahrrades, sondern stieg immer von hinten auf…

Hollywood in den Wicklow Mountains ganz intim! Da liest sich Indiskretes aus dem amerikanischen Namensvetter anders.

Es regnet noch immer. Inzwischen bin ich bei dem Büchlein »Memories of the Liffey Valley« von Alice Griffin. Der Bau des *Poulaphouca*-Reservoirs mußte für die Menschen des Tales eine Tragödie gewesen sein. Man flutete ihre Heimat – der schlimmste Verlust, den ein Ire treffen kann. Wie viele inzwischen zu Ruinen verfallene Häuser blieben unverkauft, weil man sie nie angeboten hatte. Sie sollten ein Stück Heimat für Ausgewanderte bleiben, die vielleicht einmal zurückkehren wollten. Dann aber setzte man hier ein ganzes Tal unter Wasser und nahm damit seinen Bewohnern die angestammte Erde. Der alte Johnny Callaghamn soll in seinem Haus so lange ausgeharrt haben, bis das Bett im Wasser stand.

Es ist für mich ein besonderes Erlebnis, Irland als Lektüre so abseits aller Reiseführer kennenzulernen. Und ein wenig bedaure ich es, nicht schon früher bei meinen Gastgebern nach lokaler Literatur gefragt zu haben. Rundet sich so das Bild von diesem bemerkenswerten Land erst richtig ab.

Heute hängt der Himmel wieder höher. Auch der heilige Antonius alias heiliger Kevin ist aus den Wolken hervorgetreten – eine weißgekalkte Erscheinung. Mein Gott, hatte das geregnet! Aber der Kalk an einer *solchen* Figur ist eben wetterfest.

Die spaßigen Gedanken vergehen mir, als ich die Steigung sehe. Es geht hinauf zum *Wicklow Gap*. Nicht lästern, Muskelarbeit ist gefragt! In der Höhe fällt der Frühling um vier Wochen zurück. Es blühen wieder der Ginster und die Waldhyazinthen, das Grün der Birken wirkt noch jungfräulich, und die Moore zeigen sich torfbraun. Wie in den Bergen Kerrys, so werde ich auch hier noch einmal an Donegal erinnert. Als ich am Paß über eine kleine Nebenstraße noch höher hinauf möchte, winken die Wolken ab: »Schlechte Aussichten!« Schon wickeln sie mich ein. Man sollte nicht übertreiben!

Es geht wieder bergab. In langen Geraden läuft die Straße hinunter ins Tal der zwei Seen. Hochmoor wechselt in Wald über. Sattes Grün verdrängt torfiges Braun. Der Spätfrühling hat mich wieder.

Glendalough! Die alten irischen Mönche mußten ein Gespür

Morgenstimmung in Glendalough

für stimmungsvolle Plätzchen gehabt haben, und der heilige Kevin hatte sich in diesem Tal zum Beten ein ganz besonderes ausgesucht. Schön mußte die Klosteranlage von Glendalough gewesen sein, schön sind noch immer ihre Reste! Es gibt wohl nur wenige religiöse Stätten in Irland, die es von ihrer Ausstrahlung her mit Glendalough aufnehmen können – vielleicht sogar nur eine einzige: *Clonmacnoice* am Shannon. Doch um die Stimmung genießen zu können, sollte man früh dran sein. Wenn die T-Shirt-, Nippes- und Snack-Verkäufer erst einmal ihre Buden geöffnet haben, ist es aus mit der Stimmung. Lediglich weil ich heute sehr früh auf den Beinen war, gelingen mir hier noch Fotos ohne Menschen. Als die ersten Busse einfallen und Schub um Schub die Hundertschaften der Touristen anrollen, habe ich bereits mein Erlebnis. Beim Anblick der Besuchermassen denke ich: Leute, ihr kommt alle zu spät!

Glendalough war für mich wie ein Abschied von der Geschichte Irlands, quasi der Blick auf eines ihrer Konzentrate. Mit einem Mönch hatte es hier begonnen, seine Betnische war die Keimzelle des Christentums. Als Folge seines Wirkens entstand ein Kloster, das zum religiösen Zentrum aufstieg. Der Verfall wurde eingeleitet durch plündernde Wikinger, beschleunigt durch englische Brandschatzer, vollendet durch elisabethanische Truppen. Wie in Monasterboice, in Klimacduagh, in Clonmacnoice und an Dutzenden anderen Orten, so weist auch hier ein stehengebliebener Rundturm als steinerner Finger anklagend zum Himmel. Es gibt viele Glendaloughs in Irland!

Seit ich dem Ring of Kerry den Rücken kehrte, lasse ich mich vom Zufall leiten. Ohne festen Tourenplan radelt es sich ganz zwanglos. Ein Blick in den Tag, ein Blick auf die Karte, einen zum Himmel, los geht es. Manchmal fragte ich unterwegs den Reiseführer: »Was lohnt?« Manchmal gaben mir Einheimische den Rat: »*Das* lohnt!« Gerade habe ich Glendalough auf einer nordwärts führenden Straße verlassen, als mir eine Gruppe Wanderer begegnet. Weil alle, an dem Radler so interessiert, stehenbleiben, stoppe auch ich. Ein kleines Gespräch – und ich kehre um. Wieder hatte man mir einen Tip gegeben. Die hinter mir liegende nach Nordwesten abzweigende Straße soll viel schöner sein als diese hier.

Das Asphaltband ist allenfalls ein Sträßchen. Bald weicht der Wald wieder dem Ginster. Ich radle zwischen gelben Blütenmauern. Wie herrlich still es hier ist! Nichts erinnert mehr an die laute Eroberung, die jetzt unten in Glendalough abläuft. Wie oft würde man dort nun den heiligen Kevin verkaufen – in Gips, in Holz, in Plastik? So zu Markte getragen, würde sich der Heilige, lebte er noch, bestimmt hier herauf flüchten.

Ich sitze am Straßenrand und blicke einem Talbauern aufs Dach. Aufgeschichtete Steinmauern machen den Wiesengrund zu einem Schachbrett. Die Figuren darauf sind die Schafe. An den gegenüberliegenden Berghängen werfen Wasserfälle ihre nassen Schleppen über die Felsen. War Glendalough mit seiner alten Klosteranlage ein geschichtliches Stimmungsbild, so ist diese Landschaft hier eines der Natur.

Mein Sträßchen schlängelt sich weiter, führt mich hinauf auf eine Hochebene. Wieder verkümmert der Frühling. Die Blätter der Bäume verkriechen sich in die Knospen. Braun breitet sich aus – Torfmoore bis zum Horizont. Eine solch eindrucksvolle Landschaft hatte ich hier oben nicht erwartet. Sie wächst mit der Stille, wird durch sie groß. Kaum zu glauben, daß am Ende dieses Weges die Metropole *Dublin* liegt.

Weite Schleifen und Kurven, noch immer geht es bergan. Spielsteine der Gletscher liegen wie Fremdkörper herum. Das Eis mußte sie vor Tausenden von Jahren vergessen haben. Doch die Runenzeichen der Torfstecher wirken kaum jünger. Moore lassen durch ihre Stimmung alles alt erscheinen. Man kann eine solche Landschaft nicht mit der Kamera einfangen. Brennweite 28 Millimeter, Blende 5,6, Verschlußzeit $\frac{1}{8}$ Sekunde: unendlich langweilig dieser Blick durch den Sucher! Was die Seele sieht, dafür gibt es kein Objektiv.

Das *Sally Gap!* Mein Sträßlein trifft auf ein zweites. Sie schwellen an wie zwei Bäche, die ineinander münden – werden zur richtigen Straße. Diese buckelt nun. Das »gap« war gar kein Paß, nur der Rücken eines Berges. Braun wechselt in Gelb, Gelb in Grün, das Grün wird bunt: jede Farbe eine Höhenlinie. Torf,

Ginster, Bäume, Blumenbeete. Ich bin in *Enniskerry* und stelle fest: »Du hast dich verfahren!«

Auf meiner Karte befindet sich westlich von Dublin ein kleines Kreuz. Dort soll eine Mrs. O'Connor wohnen: kinderreich, warmherzig und backfreudig, wie die Mertens in ihrem Irlandführer schrieben. Die Farm sollte mein Domizil für die Ausflüge in die Hauptstadt werden. Für den direkten Weg dorthin hätte ich auf der »R 115« bleiben sollen; nun war ich fast an der Küste gelandet. Aber vielleicht fand sich eine zweite Mrs. O'Connor.

Dublin

Ich rolle von Süden her in die Stadt. Irland ist umrundet, nicht in einer leicht geschwungenen Linie, sondern in einer Zweitausend-Kilometer-Zickzackfahrt. Das klingt nach viel für ein Land, welches sich auf einem Rennrad innerhalb eines Tages durchqueren ließe. Und doch habe ich nur einen Teil von ihm kennengelernt. Die gesamte Südküste blieb mir fremd, der Lauf des *Shannon*, zahllose Seengebiete oder auch nur einzelne Punkte auf der Landkarte: *Great Skellig, Clare Island, Aranmore...* Überall hätten Erlebnisse auf mich gewartet, überall hätten sich Brücken zu Menschen bauen lassen. Das kleine Land ist zu groß für eine einzige Reise. Jetzt, wo ich Dublin erreiche, fahre ich eigentlich zu früh über die Ziellinie. Schade!

Vielleicht sollte man den Besuch dieser Stadt nicht an das Ende einer Irlandreise stellen. Das Bild von dem Land und seinen liebenswürdigen Menschen ist bereits fertig, da kommt jemand und stößt den Farbeimer um. »Sorry!« Aber der Fleck läßt sich nicht mehr wegwischen.

Dieser Jemand ist Dublin. Bei seiner Beurteilung streiten sich die Geister. Es gibt Schwärmer und Verachter. Manche nennen diese Stadt wegen ihrer gut 700 Pubs liebevoll »Publin«, andere sprechen von ihr als »dirty town«. Da ist es am besten, man erradelt sich die Wahrheit selbst. Nach drei Tagen Dublin zeigt mein Radcomputer über 100 Kilometer – im Schrittempo gefahren, manchmal buchstäblich abgeschritten. Am Ende habe ich

Plakate wirken wie Heftpflaster auf den Wunden der Stadt

wohl mehr von der Stadt gesehen als andere, die über sie urteilen. Irgendwo kann man den ehrlichen Satz nachlesen: »Wer sich nicht für irische Pubs interessiert, der findet Dublin schmutzig und provinziell.« Ich möchte hinzufügen: »Dublin ist diebisch! Dublin bettelt! Dublin ist kaputt!« Ergänzt durch die wenigen positiven Eindrücke, gleicht die Stadt einem Konglomerat aus grauem Gestein, in das ein paar hellere Quarzkrümel eingebakken sind: »Postamt«, »Customs House«, »Trinity College«…

Irgendeine Straße, noch im Zentrum: Über mir öffnet jemand Fensterflügel – mehrere gleichzeitig. So etwas kann nur der Wind. Die Leute sind wohl blockweise ausgezogen. Der ganze Straßenzug sieht ein bißchen nach Luftangriff aus. Das überall sprießende Mauergrün ist jetzt dafür die Zeitmarke. Eine andere Straße: Ich blicke in müllgefüllte Abgänge und über leere Aufgänge in den Himmel. Eine dritte: Jeder kennt die Türen von Dublin – weiß, schwarz, rot, gelb, grün – lindgrün, grasgrün, moosgrün, flaschengrün… Dazu die blankgeputzten Messinggriffe, Klopfer und Türschilder – ein Stück Poster-Dublin. Häuser haben wie Münzen ein Revers. Ich schaue mir die Rückseite an. Welch ein Wechsel! Rohe, wäschebeflaggte Wände, die Abwasserrohre treten aus den Gemäuern wie Krampfadern hervor. Wo sie enden, beginnt der Schmutz. Eine vierte Straße: aufgebrochene, ausgebrannte, zugenagelte, zugemauerte Türen.

Irgendwann stehe ich vor dem alten Stadtbad. Nie mehr wird man das Material Ton zu solcher Ornamentik brennen, aber das Dach ist dem Bad bereits auf die Füße gefallen, seine Mauern wirken schon wie Sargwände.

Heinrich Böll berichtet in seinem »Irischen Tagebuch« von einem Haus, in dem noch das Licht brannte, obwohl der Mann vor einiger Zeit ausgewandert war. Ich stehe in Dublin vor einer Brotfabrik, da waren die Bäcker ausgewandert. Die Sonne hatte die Brote hinter dem großen Schaufenster versteinert, die Feuchtigkeit die hinten gelagerten verschimmeln lassen. Dieser Anblick ist schlimmer als brennendes Licht.

Ich folge dem *River Liffey*. Je weiter ich mich dabei von der O'Connel Street entferne, desto grauer wird die Stadt. Was, frage

136

Bettelnde Kinder in Dublin

ich mich, bewachen die Rottweiler und Schäferhunde auf den Trümmergrundstücken? Abbiegen nach Norden: Ruinen sind auch hier noch immer gut für Reklame – jedes Plakat wie ein Pflaster auf einer Wunde. Ganz Dublin ist verletzt.

Bettler waren mir bereits in Londonderry begegnet, kein besonderer Makel, man findet sie auch bei uns. In Dublin schickt man Kinder vor. Nicht wenige nennen so etwas Mißbrauch, denn ein bettelndes Kind weckt bekanntlich mehr Mitleid als die aufgehaltene Hand eines Erwachsenen. Ich sah die Kleinen, wie sie Kartons, Holzschachteln und Dosen halten. Eine der Mütter kam zum Absammeln und verschwand wieder. Im Karton blieb eine

Zweipence-Münze zurück – wie das Ei im Nest, das ein Huhn zum Nachlegen anregen soll.

Das diebische Dublin erkannte ich vorerst nur an Indizien – bis ich es selbst erlebte. Noch nie hatte ich *so* angekettete Fahrräder gesehen. Von Mrs. O'Rourke, bei der ich nun wohnte, wurde ich gewarnt: »Passen Sie in Dublin auf Ihr Fahrrad auf! Wenn Sie dort ein Rad ohne Sattel abgestellt sehen, dann hat ihn der Besitzer mitgenommen, oder er besitzt ihn schon nicht mehr, fehlt ein Rad daran, so ist es das gleiche. Ist nur noch der Rahmen angekettet, dann stand das Fahrrad dort länger als drei Tage!«

Es passiert mir trotzdem! In einem unbewachten Augenblick will man mein – abgeschlossenes – Rad wegtragen. Der Besitzer eines Porzellangeschäftes beobachtet den Vorgang durchs Schaufenster und vereitelt ihn. Er belehrt mich: »Sie können doch in Dublin nicht...« Jetzt glaube ich es!

An meinem letzten Tag schlage ich auf dem Stadtplan vier Pflöcke ein: den ersten hinter dem »Trinity College«, den zweiten an der »City Hall«, den dritten an der Einmündung Capel-Parnell-Street, den vierten hinter dem letzten Denkmal in der O'Connel Street. Mehr möchte ich von Dublin nicht mehr sehen, und vielleicht würde ich in diesem Planquadrat die Stadt finden, die die anderen beschrieben hatten!

Nach etwas Kultur im »Trinity College« – dazu gehört natürlich das »Book of Kells« – schwimme ich in der Menge. Jemand tippt mir von hinten auf die Schulter. »Sie sind doch der Radler...!« Vor mir steht Mrs. Coughlan, die Frau, die mir in Kerry die Geschichte von dem toten Dorf vorgelesen hatte. Mrs. Coughlan fährt ein-, zweimal im Jahr nach Dublin, für Großeinkäufe, und gerade heute ist sie auch hier.

Jetzt sitzen wir in einem Restaurant und reden, während mein Rad inzwischen von der Blumenfrau gegenüber bewacht wird. Ich muß ihr vom Rest meiner Tour berichten, bei Mrs. Coughlan hat sich dagegen nichts getan. Am Ende möchte sie mein Essen mitbezahlen. Ich wehre mich dagegen, doch ich werde von ihr entwaffnet: »Sie sind in Irland! Das ist ganz normale Gastfreundschaft!« Wie konnte ich das vergessen!

Ich lasse mich wieder treiben. Das klingt nach »ohne Hektik«,

Firmenschild aus Bronze im reichen Dublin

Das Glück war dem Wahrsager nicht hold – sein Kundenhocker blieb leer

Kinderwagen sind praktische Verkaufsstände

und so ruhig geht es hier auch zu. »London walks, Dublin talks! – London geht, Dublin erzählt!« lautet ein Sprichwort. (Was sagte man dann wohl von Cork, wo ein Tag dort angeblich 48 Stunden hatte?) In der Henry Street verschlägt es mich zu einem Wahrsager. Der Mann hält sein Werbeschild wie eine Standarte. Doch das Glück, das er sonst den anderen voraussagt, ist ihm selbst heute nicht hold, sein Hocker bleibt leer. Ich bitte ihn um ein Foto. Worauf er gelassen antwortet: »Take your time. Take your time!« Das richtige für hektische Zeitgenossen.

Das unwillige Schnauben eines Gaules hallt von den Häuserwänden wider. Hatte doch tatsächlich ein Bauer sein Gemüse noch mit dem Pferdegespann auf den Markt gebracht, im Dublin von 1993!

Und die Kinderwagen – sie sind hier noch immer die Verkaufsstände vieler Marktfrauen. »Fresh straaawberries – frische Erd-

beeren! – Straaawberries! Irish straaawberries!« Solche Werbe-
rufe bekomme ich ja noch mit. Aber wenn es im dreistimmigen
Kanon klingt:»Pearsfiveapound!... fiveapound!« dann muß ich
wie ein Cutter die Schere einsetzen:»Birnen – fünf für ein
Pfund«. Bei »Onlyonefortobacco – nur ein [Pfund] für Tabak«
oder »Firesfiveapound – fünf Feuerzeuge für ein Pfund« ist es
ähnlich. Von einer »Oneabox«-Verkäuferin – damit meint sie,
daß eine Faltschachtel voll Erdbeeren bei ihr nur ein Pfund kostet
– lasse ich mich verführen und frage zurück: »Onlyoneabox?«
Worauf mir die Frau antwortet:»Foryoutwoboxesonefiftymylove
– Für dich, mein Lieber, zwei Schachteln für einsfünfzig.« Auch
ich finde diese Stadt allmählich liebenswürdig.

Ein Polizist taucht auf, tut so, als sähe er nichts. Es geht um ein
paar Frauen, die irgendeine dunkle Ware aus Taschen verkaufen.
Angesichts der Uniform spielen diese jetzt mit der Nachbarin
»Schön-daß-ich-dich-getroffen-habe«, flöten zum Himmel »Ich-
weiß-von-nichts« und schneiden, als der Polizist vorbei ist, hinter
seinem Rücken Grimassen.

Mehr als zehn Stunden trieb ich heute die Bürgersteige und
Straßen auf und ab. Jetzt »schwimme« ich mal wieder. Das Un-
wetter ist plötzlich da! Sturmböen öffnen den Himmel wie mit
einem Reißverschluß. *Solche* Regenfälle gibt es außerhalb Irlands wohl nur noch in den Tropen. Damit setzt jene Flut ein, die
wenige Tage später mehrere Menschenleben kosten und allein im
Raum Dublin Schäden in Höhe von 45 Millionen Pfund verursa-
chen sollte. Ich kämpfe mich zurück zu meiner Unterkunft. Es ist
nicht das erste Mal, daß ich Zeichen vom Zorn der Wettergötter
als Wasserpfütze mit in ein Haus bringe.

Nachdem ich die Farm von jener kinderreichen, warmherzigen
und backfreudigen Misses O'Connor verfehlt hatte, war mir
nördlich Dublins ein ähnliches Glück zugefallen: Mrs. Elizabeth
O'Rourke. An diesem »B & B« war ich bereits kurz nach meiner
Ankunft in Irland vorbeigefahren, und es war mir in Erinnerung
geblieben. Die Nähe zur Stadt, zur Natur und zum Flughafen
machten es zu einem idealen Standort. Ideal auch Mrs.
O'Rourke. »Call me Jane!« – damit hatte unsere Bekanntschaft
noch im Hausflur begonnen. Warum »Jane« und nicht »Liz«, was

die richtige Kurzform für »Elizabeth« gewesen wäre? Mrs. O'Rourke wußte es selbst nicht. Jetzt übernimmt sie noch einmal die nasse Regenmontur, später wird sie wieder Salat und Sandwiches mit mir teilen und morgen früh ein letztes Mal die immer gleiche Frage stellen, ob das Frühstück so in Ordnung sei. »Yes, Jane! Its's perfect!« Ich höre schon meine eigene Antwort.

Heute abend füllt sie sogar noch eine kleine Lücke in meinen Reiseerlebnissen. Ich hatte mit so vielen Menschen gesprochen und noch nie eine richtige irische Geschichte gehört – von denen über Heilige abgesehen. Dabei mußten doch den Mooren im Nebel so manche Gestalten entstiegen sein. Und siehe da, hier bei *St. Margaret's*, das erfahre ich nun, spukt es sogar auf den Wiesen. Da war jener Bauer, der seine Ziege auf den Markt treiben wollte, aber nicht so recht vorwärtskam, weil das Tier immer stehenblieb und sich umdrehte – bis auch der Mann den Geist sah, der ihnen folgte. Oder der Kartenspieler, der auf dem Rückweg von einer langen Runde in einer Wiese, gar nicht weit von Mrs. O'Rourkes Haus, von Männern an Ort und Stelle zu einem Spielchen aufgefordert wurde. Da hockte man im Gras – bis der Verführte erkannte, daß der Teufel mit von der Partie war. Als ich das höre, kommt mir das »Old Booth Inn« in den Sinn, das ganz in der Nähe liegt. Dort soll ein teuflisch kräftiges Bier ausgeschenkt werden... »Jane, erzähle ruhig weiter!«

Das Frühstück war »perfect«. Meine Sachen sind trocken. Ich packe. In ein paar Stunden geht mein Flugzeug. Jedes Erlebnis endet einmal. Das Kompliment, das ich Mrs. O'Rourke zum Abschied mache, mache ich hiermit allen Iren. Nicht immer verläßt man ein Land mit einer solchen Fülle schöner Eindrücke. Und Dublin? Jeder, der dort war, werte für sich.

Bis zum Flughafen sind es nur wenige Kilometer. Der Ginster ist verblüht, aber der Efeu würgt noch immer die Bäume. Krähen umkreisen die jetzt grünen Horstbäume. Ein Regenguß zwingt mich wieder in den Wetteranzug. So ähnlich hatte mich Irland empfangen. Zwei Stunden später startet die Maschine in einen Himmel, halb Tag, halb Nacht. So wiederholt sich die erste Seite eines irischen »Bilderbuches«.

Ein notwendiges Nachwort

Irland hat zwei Gesichter. Das eine findet man in den Prospekten, das andere entdeckt man auf Reisen wie dieser. Surfen, Wasserski, Reiten, Golf, dazu Speisekarten, die der Mann aus dem Volk kaum zu lesen vermag, werden eine ganz bestimmte Kategorie von Touristen ansprechen. Ihr Irland ist sehr klein. Es liegt quasi in Enklaven, umgeben vom eigentlichen Land. Der große Rest der Grünen Insel bleibt dann für jene, die sich Irland als Traum bewahrt haben und die sich diesen erfüllen sollten, bevor die oben genannten »Zellen« wuchern. Das Buch nennt Beispiele: Achill Islands, Inishmore, Dingle, Killarney... Der Zug der Zeit hat diese bereits erreicht – und er wird nirgendwo anhalten.

Wer sich diesem Land durch die Reiseliteratur nähert, der könnte fehlgeleitet werden. Das gilt vornehmlich für die offiziellen Publikationen »Discover Ireland«, »Magic West of Ireland«, »Ireland's Southeast«. Nach der Rückkehr von der Tour habe ich diese und andere Unterlagen noch einmal mit *dem* Irland verglichen, das ich durchradelt hatte. Nie zuvor war mir ein so geschicktes Ausblenden vom Alltag in einem Land begegnet, wie auf diesem Glanzpapier; selbst Indizien fehlten. Anders bei den klassischen Reiseführern – wenn auch hier die Objektivität manchmal zu kurz kommt: Wer sich die dort abgebildeten Fotos kritisch betrachtet, dem müßten die Details auffallen, die neben den eigentlichen Motiven von tiefer Aussagekraft sind. Da wird das junge, das poppige Irland vorgestellt, aber im Hintergrund bröckelt der Putz von den Wänden; da tragen Menschen Schuhe und Kleidung, die noch das Hineinwachsen-Müssen verraten; da sieht man einem noch in Gebrauch befindlichen Fahrrad sein vorsintflutliches Baujahr an... Wer mit einem solch kritischen Blick Irland-Reiseführer liest, der wird in einem Eselskarren vielleicht nichts Romantisches mehr sehen, sondern die Realität, die Rückständigkeit des Landes, und der wird an der Armut, die aus vielen Bildern spricht, nicht mehr vorbeischauen. Denn eines ist Vorbedingung für eine solche Reise: Man muß wissen, daß man in ein armes Land fährt! Dieser Armut sollte man mit dem Respekt begegnen, der ihr gebührt. Ihre Gründe liegen nicht im Selbstverschulden, sondern in der Geschichte.

Die Leser und Leserinnen des Buches mögen erstaunt gewesen sein über die Fülle der Erlebnisse. So etwas ergibt sich nicht zwangsläufig. Wer eine Wiederholung versuchte, der ginge womöglich leer aus.

Es gibt eine Art Schlüssel für erlebnisreiches Reisen. Nicht jeder kann, nicht jeder will ihn nutzen. Da wäre zunächst das Verkehrsmittel, das Fahrrad. Wer dies anstelle bequemerer Reisemöglichkeiten nutzt, der sieht mehr, der hört mehr, der fühlt mehr. Anders als bei »Chrom und Lack« verwischt es auch mögliche soziale Unterschiede. So baut es Brücken zu Menschen, die sonst unerreichbar blieben.

Was für das Fortbewegungsmittel gilt, gilt erst recht für den Fahrer. Je mehr ich mich durch meine Kleidung, mein Verhalten vom Gastland abhebe, desto abgehobener bleibe ich. Viele Radler glauben, schon das Rad allein sei bereits der Garant fürs Erlebnis. Sie irren! Wer etwa einem Menschen durch das Vorführen des aktuellsten Freizeit-Modetrends *bewußt* macht, daß sein Pullover voller Löcher, sein Hosenverschluß ohne Knöpfe und seine Schuhe schon seit Jahren ohne Pflege sind, der wird sich mit dem Kontaktbekommen schwertun. Lieber etwas untertreiben und dafür Insider werden, als nicht nur optisch außen vor stehen.

Ein Hindernis zum Erlebnis mit Menschen ist fast immer die Kamera. Diese in der Hand – oder schlimmer noch vor dem Bauch – kann ein Gespräch unmöglich machen, erst recht das gewünschte Foto. Je größer die Armut, der man gegenübersteht, desto größer sollte die Zurückhaltung sein. Man vertausche in Gedanken die Rollen, das verdeutlicht die Situation.

Auch wäre diese Reise um manches Erlebnis mit Menschen ärmer geblieben, hätte es meinerseits an der Bereitschaft zu einer gewissen Selbstaufgabe gefehlt. Doch es ist dies jene Art von Geben, die letztlich zu einem Beschenktsein führt.

Infos

Irland verstehen – Der Schatten der Geschichte

Jedem, der Irland besucht und der es intim kennenlernt, kann es wie mir ergehen. Er wird sich mit der Frage konfrontiert sehen: »Was halten Sie von den Engländern?« Ich nannte in dem Buch ein Beispiel, es gab noch andere. Immer waren es sichtbar arme Menschen, die mir diese Frage stellten. Und so wie man wissen sollte, warum man sich als Deutscher noch Jahrzehnte nach dem 2. Weltkrieg im norwegischen *Narvik* auf offener Straße eine Ohrfeige einholen konnte, so sollte man die Gründe nachvollziehen können, warum noch heute der eine oder andere Ire bei dem Wort »Engländer« ausspuckt.

Das Schicksal des irischen Volkes keimte, als im 12. Jahrhundert der englische König Heinrich II. unter Androhung militärischer Gewalt den Grafen von Pembroke, »Strongbow«, auf den Thron von Leinster half. Dieser ersten Einflußnahme auf die Geschichte des Landes folgten bald konkrete Maßnahmen.

Der Sohn Heinrich II. setzte englische Gerichtshöfe und nichtirische Geistliche ein. Die irischen Familien wurden von ihrem Land vertrieben. Bald gehörten Dreiviertel des ertragreichen Bodens den nachrückenden Protestanten. Mit den »Statues of Kilkenny« wurde versucht, den Iren einen Eckpfeiler ihrer Kultur, die gälische Sprache, zu nehmen. Später erließ man ein Gesetz, nach dem alle Iren im englischen Teil des Landes ihren alten Familiennamen aufzugeben und einen englischen anzunehmen hatten. Ein weiterer Schritt gegen die restliche verbliebene Unabhängigkeit Irlands war die Übernahme der Gesetzgebung durch die Engländer.

Nachfolgend begann Heinrich VIII. mit seiner Besiedlungspolitik. Sie läßt sich mit wenigen Worten umreißen: Vertreibung der katholischen Iren von ihrem Land und dessen Übergabe an Protestanten. Drei Befreiungsaufstände zur Verteidigung Irlands und des Glaubens wurden unbarmherzig niedergeschlagen.

Nach der Flucht irischer Grafen verteilte man die »freigeworde-
nen« Landesteile an schottische Protestanten. Die Grafschaft
Derry wurde der *City of London* geschenkt. Den Aufstand der
irischen Grundbesitzer gegen diese Einwanderung beantwortete
London mit dem »Adventurer's Act«, wodurch irisches Land im
voraus Spekulanten überlassen wurde, die das Geld für seine
Eroberung zur Verfügung stellten.

Um das »irische Problem« endgültig zu lösen, landete Oliver
Cromwell mit seinen Truppen auf der Insel. Drei Jahre lang ver-
wüsteten diese das Land. Die Bilanz: Ein Drittel der katholischen
Iren war umgebracht, eine ungenannte Zahl als Sklaven verkauft.
Mit dem Konfiskationsgesetz, dem »Cromwellian Settlement«,
fiel der größte Teil des Landes an Nichtkatholiken. Aus jener Zeit
stammt der Ausspruch, man habe nur noch die Wahl zwischen
der Hölle (dem Übertritt zum Protestantismus) oder dem *Con-
naught,* der Flucht in den moorigen Westen des Landes – und
damit in die bittere Armut. Als König Jacob II. das Los der
Katholiken zu mildern versuchte, wurde er abgesetzt. Um einer
Wiederholung humaner Einstellungen gegenüber Katholiken
vorzubeugen, erließ man den »Act of Succession«. Er verbietet
bis auf den heutigen Tag, daß ein Katholik den englischen Thron
besteigt.

Der erneut einsetzende Freiheitskampf der Iren endete – nachdem man ihnen einen ehrenhaften Frieden zugesagt hatte – mit
den Verträgen von Limerick. Schon ein Jahr später wurden diese
Verträge gebrochen – man schloß die Katholiken aus dem Parla-
ment aus. Neue Landvertreibungen begannen. Nachdem sich
bereits 7 000 Iren geweigert hatten, dem englischen König den
Untertaneneid zu schwören und nach Frankreich geflohen waren, folgten ihnen nun weitere. Zurück blieb, so hieß es, »ein
kleines Volk armer Bauern«.

Mit den »Penal Laws« nahm man diesen Katholiken, die noch
immer die Mehrheit bildeten, ihre bürgerlichen Rechte. Sie durften keinen qualifizierten Beruf mehr erlernen, kein Amt besetzen,
keine Lehrtätigkeit ausüben. Es wurde ihnen untersagt, Grundei-
gentum zu erwerben. Starb ein katholischer Bauer, so konnte er
seinen Besitz nicht geschlossen vererben. Er mußte ihn unter den

Söhnen – und diese waren oft zahlreich – aufteilen. Dadurch zerfielen die Höfe in unwirtschaftliche Parzellen, die mit jedem Erbgang weiter zerstückelt wurden. Der Verlust der Rechte ging so weit, daß Katholiken nicht einmal ein Pferd besitzen durften. Der britische Staatstheoretiker Edmund Burke hat diese Gesetze wie folgt beschrieben: »Ein Instrumentarium, so klug und durchdacht ausgestaltet – und hervorragend zur Unterdrückung, Ausbeutung und Erniedrigung eines Volkes und zur Entwürdigung selbst seiner menschlichen Natur geeignet, wie es noch niemals aus der pervertierten Erfindungskraft des Menschen hervorgegangen ist.«

So verwundert es nicht, daß der Stellvertreter des englischen Königs später feststellen konnte, es gäbe auf der ganzen Welt kein erbärmlicheres Dasein als das der irischen Bauern.

Der wirtschaftlichen Schwächung Irlands diente – neben schweren Handelsbeschränkungen – auch die Verbreitung von Falschgeld. Hierfür hatte der englische Bankier Wood vom König ein Prägeprivileg erhalten.

Die Befreiungskämpfe der Iren endeten immer mit der blutigen Niederschlagung. Die englischen Truppen und Milizen müssen dabei unglaublich brutal vorgegangen sein. Sich ergeben wurde nicht akzeptiert. Von General Lake wird berichtet, daß er den Ergriffenen die Schädeldecke öffnen und heißes Pech auf das offenliegende Gehirn gießen ließ. Nach dem Aufstand von 1798, der »Great Rebellion«, zählte man 50000 Tote.

Mit der »Potato Famin«, den Hungerjahren, ausgelöst durch die Kartoffelfäulnis, erreichte die irische Tragödie ihren Höhepunkt. Der Grund war, daß praktisch alles fruchtbare Land im Besitz von »Landlords« war. Die Pächter, katholische Bauern, wurden in einem Maße ausgebeutet, daß sie stets am Rande der Existenz lebten. Versuchte jemand durch verstärkte Arbeitsleistung etwas mehr Ertrag zu erwirtschaften, wurde der Pachtzins erhöht. Vertreibung und die Zerstörung des Hauses bei Pachtschulden gehörten zur Tagesordnung. Ein ganzes Volk konnte sich damals nur ein einziges Lebensmittel leisten: Kartoffeln. Als nun mehrere Ernten durch Fäulnisbefall ausfielen, mußte dies zu eine Katastrophe führen. In zeitgenössischen Berichten heißt es:

»Jung und alt, Männer und Frauen sieht man zu Tausenden auf den Straßen umherkriechen und um einen Bissen Brot winseln. Die Straßen in jeder Stadt sind mit schwankenden Skeletten überfüllt.« Die Hungersnot nahm unvorstellbare Ausmaße an. Die Menschen aßen Seetang, und es gab Fälle von Kannibalismus. Zur gleichen Zeit lieferten die »Landlords« ihren Weizen und ihr Schlachtvieh weiter nach England.

Aus der Times ist von 1846 ein Kommentar zur Hungersnot belegt: »Was uns betrifft, so betrachten wir die Kartoffelfäulnis als einen Segen. Sind die Kelten erst keine Kartoffelesser mehr, so müssen sie karnivor werden. Haben sie Fleisch gekostet, wird ihr Appetit darauf wachsen und mit dem Appetit die Bereitschaft, es sich zu verdienen.«

So sarkastisch verhöhnt starben die Iren, Tausende, Hunderttausende, eine Million. Mit der Unterernährung kamen die Seuchen. Das Sterben ging weiter. Eine Million Iren versuchte durch die Flucht in die Emigration dem Hungertod zu entgehen. Aber der Tod reiste auf den Schiffen mit. Nicht selten bestand ihre Ladung aus bereits Typhusinfizierten, und viele der Schiffe erreichten ihr Ziel überhaupt nicht.

In Irland aber ging der Kampf für die Freiheit weiter. Als 1916 in Dublin die Irische Republik ausgerufen wurde, verhängte England das Kriegsrecht über das Land. Doch das Rad der Geschichte drehte sich bereits. Der nun entbrennende Unabhängigkeitskrieg endete 1923 – und mit ihm eine 800jährige Kolonialherrschaft.

Jahrhundertelang wurde so einem Land Leid gebracht, eine Million Menschen verhungerte, begleitet von sarkastischen Kommentaren. Der Autor des Buches »The Great Hunger«, Cecil Woodham-Smith, formuliert es so: »Die Erinnerung daran, was man uns angetan hat und was wir ertragen mußten, liegen wie ein Schwert zwischen Irland und England. Andere Notzeiten folgten, wie es schon immer welche gegeben hatte, aber die fürchterlichen Jahre des Großen Hungers blieben unvergessen. Erst jetzt beginnt langsam das Vergeben.«

Wer also die Geschichte Irlands kennt, der wird die Armut, der er noch heute dort begegnen kann, verstehen. Er wird beim Anblick der zahllosen zerstörten Kirchen schwerlich nur noch kunsthistorisch werten und auch die Häuserruinen in den Dörfern und Städten deuten, wie sie zu deuten sind: als ein Resultat. Er wird – im Wissen um die geschichtlichen Hintergründe – in der Frau, die die torfgefüllten Körbe auf dem Rücken aus dem Moor zur Straße trägt, kein fotogenes Motiv mehr sehen und auch nicht erstaunt sein, wenn er Iren begegnet, die *noch nicht* vergessen haben.

Zum Nordirlandproblem

Dieses Buch kann und darf kein politisches Forum sein. Zur Nordirlandfrage nur soviel: Berichterstattung und Wirklichkeit, geschichtliche Zusammenhänge und Momentaufnahmen sind selten deckungsgleich. Jeder Spiegel, auch ungewollt, verzerrt. Hier ist durchaus lobenswert die recht offene Sprache des »APA-Guide Irland« zu erwähnen. Wer der Wahrheit noch näher kommen möchte, der lese Hans-Christian Oesers »Irland – Ein politisches Reisebuch«. Für jeden, der den Wunsch hat, das Land kennen- und verstehen zu lernen, sollte es Pflichtlektüre sein.

Auf Irlands Straßen

Das *Straßennetz* Irlands ist bemerkenswert gut, selbst kleinste Nebenstraßen sind asphaltiert. Jedoch verwendete man häufig eine grobe Splittkörnung (2–4 cm) und sparte gleichzeitig beim Teer. Die Folge: ein Rauhasphalt, der zu einem recht lauten Laufgeräusch des Rades führen kann und, was schwerer wiegt, den Reibungswiderstand nicht unerheblich erhöht. Deutlich wird dies, wenn der Belag zu Normalqualität überwechselt: plötzlich läuft das Rad viel leichter.

Radfahrwege gibt es in Irland nicht; das gilt auch für die Städte (in Dublin entdeckte ich ein paar hundert Meter). Man muß sich mit den Autofahrern arrangieren, kann aber als Radler mit deren Rücksichtnahme rechnen. Das trifft nicht unbedingt für den

Lkw-Verkehr auf den Überlandstraßen zu. Hier gilt das Recht des Stärkeren. Die Sogwirkung bei Container-Lastzügen kann Radlern gefährlich werden. Die Zeiten, wo Irland als ausgesprochen verkehrsarmes Land galt, sind – mit Ausnahme der rein ländlichen Gegenden – vorbei. Selbst in Kleinstädten herrscht zu Spitzenzeiten »stop and go«. Hauptverkehrsstraßen sind ähnlich stark frequentiert wie bei uns Bundesstraßen.

Als Radfahrer darf man in Irland alle Straßen benutzen, auch wenn diese als Autobahn ausgeschildert sind. Die einzige Ausnahme sind solche mit *blauen* Verkehrsschildern. Auf das Benutzungsverbot wird dann hingewiesen.

Alle größeren Überlandstraßen haben sogenannte »shoulders«, Seitenstreifen. Sie befinden sich teilweise in besserem Zustand als die eigentliche Fahrbahn. Auf ihnen hat man als Radler Ellbogenfreiheit neben dem fließenden Verkehr. Ein Nachteil: Oft sind sie mit Glasscherben gespickt. Nach dem Schild »End of shoulder« wird es wieder eng.

In Irland herrscht *Linksverkehr*. Für den Radler/Fußgänger ist dies im allgemeinen problemlos. Allerdings gibt es zwei Fallen: die »roundabouts« (Kreisverkehr) und beim Überqueren der Straße – ganz besonders in Städten. Der Radler, der in einen *Kreisverkehr* einfährt und diesen über die nächste Ausfahrt hinaus durchfahren will, sollte das unbedingt durch Handzeichen anzeigen, denn er schneidet ungewollt die Autofahrer, die an einer früheren Ausfahrt als er nach links ausscheren. Bei stärkerem Verkehr ist Anhalten und Lückeabwarten geboten. Beim Überqueren der Straße daran denken, daß der Verkehr von der anderen Seite kommt. Beim Blick in die falsche Richtung kann die Tour gleich zu Ende sein. In Städten findet man an Überwegen auf dem Asphalt manchmal (als Gedankenstütze) den Hinweis aufgemalt: »Look right! – Nach rechts schauen!«

Landesweit lohnt die Benutzung kleiner *Nebenstraßen*. Auf ihnen lernt man Irland kennen, dort warten die Fotomotive, und man hat die Chance, das vielgenannte »hidden Ireland« zu entdecken. Der Nachteil: Sie folgen stur dem Geländeprofil, und das ewige Auf und Ab kann den Beinmuskeln lästig werden.

Irland wird in Schriften immer wieder als das ideale Radlerland bezeichnet. Vergessen Sie das »ideal«. Berge, Wind und Wetter machen es eher zu einem Hindernisparcours. Wer die »gaps«, Paßstraßen, durchfährt, vielleicht sogar die »Scenic route« an der Antrim-Küste, der wird schnell selbst urteilen. Lediglich einige küstennahe Straßen sowie die im flacheren Inland bedeuten wenig Muskelarbeit. Wer es etwas leichter haben möchte, der suche sich in der Gegend, die er erschließen möchte, ein Quartier und unternehme von dort ohne Gepäck Sternfahrten.

Bei *technischen Problemen*, die über das »Do it yourself« hinausgehen, ist Abhilfe nicht weit. Größere Orte haben – wenngleich manchmal etwas versteckt – einen Radservice. Die Werkstätten sehen zwar mitunter etwas exotisch aus, sind aber mit Ersatzteilen erstaunlich gut sortiert. Außerdem: Auch Improvisation ist Hilfe.

Zu den Ortsschildern und Wegweisern sei angemerkt: Es gibt manches ... *lea* in Irland, auch fehlt das eine oder andere Ortsschild ganz. Gleiches gilt für Wegweiser. Letztere hat mitunter der Wind etwas verdreht (was an Kreuzungen zur Fahrt in die falsche Richtung führen kann). Auch muß der Name auf dem Blech nicht buchstabengetreu mit dem auf der Karte übereinstimmen. Das sind kleine Unwägbarkeiten, die zu Irland gehören. Wer sich wundert, warum eine Distanz, nachdem er schon etliche Kilometer zurückgelegt hat, auf dem nächsten Schild wieder größer geworden ist, der hat es mit der wechselweisen Entfernungsangabe von Meilen und Kilometern zu tun. Eine Meile entspricht ungefähr 1,6 Kilometer. Wer eine Entfernung in »yard« genannt bekommt: 10 »yards« sind etwa 9 Meter.

Land- und Straßenkarten

Die Frage des besten Kartenmaterials für den Radler ist nicht ganz einfach zu beantworten. Wie für andere Länder, so gilt auch hier: Man plane zu Hause vor und decke sich später mit den notwendigen Detailkarten ein. Als Übersichtskarte durchaus empfehlenswert: »Irland« (1:500 000), Kümmerly + Frey. Dagegen nicht zu empfehlen: die bei uns allgemein erhältliche »Euro-cart Irland, Nordirland« (1: 300 000), RV-Verlag. Sie zeigt ver-altete Daten, Hinweise sitzen landschaftsbezogen ungenau, und Orte, die selbst im oben genannten 1:500 000-Maßstab enthalten sind, fehlen. Eine gute topographische Karte mit deutlicher Farb-abstufung der Höhenlinien ist die »Holiday Map« (1:250 000). Es gibt vier Blätter: Ireland North, West, South und East. Noch ausführlicher – und auch die gälischen Ortsnamen nennend (was bei den anderen Karten nicht oder nur teilweise der Fall ist) – ist die 25-Blatt-Ausgabe von Ordnance Survey, Maßstab 1:126 720. Nach der Ankunft in Irland sollte der erste Weg deshalb vielleicht in eine Buchhandlung führen. Karten sind auch in den »News Agencies«, den Zeitschriftenläden, erhältlich.

Vom irischen Wetter

Statistiken haben ihre Tücken. Richtig ist, daß irisches Wetter allgemein Schauerwetter mit westlichen Winden bedeutet. Doch es kann auch völlig anders kommen: tagelanger Dauerregen oder wochenlanger Sonnenschein. Diese Tour stand wettermäßig un-ter einem glücklichen Stern. Vorausgegangen war ein ungewöhn-lich warmer Spätwinter, was zu einer um vier Wochen verfrühten Rhododendronblüte führte. Es folgte ein fast durchgehend trok-ken-sonniger Mai. Lediglich zum Monatsende wurde es unge-mütlich, dann aber richtig. Ab Anfang Juni steigerte sich das Wetter zur Unwetterkatastrophe.

Allgemein gilt, daß der Mai der niederschlagsärmste Monat ist. Er bietet sich deshalb dem Radler als *beste Reisezeit* an. Ein Kälteeinbruch, wie er 1993 mit Schnee und Nachtfrösten er-folgte, ist unüblich und muß sich nicht wiederholen. Wer seine Irlandtour so früh beginnt, den erwartet nicht nur eine zauber-hafte, blühende Landschaft, er weicht damit auch dem Tourismus aus, der an den »highlights« des Landes bereits übliche Formen angenommen hat, aber nicht vor Mitte Juni einsetzt.

Die Frage der optimalen *Fahrtrichtung* ist subjektiv zu beant-worten. Da die vorherrschende Windrichtung Südwest ist, bietet sich eine Tour im Uhrzeigersinn an. Die Chancen, zwischen Kerry und Donegal Rückenwind zu haben, sind damit größer. Auch hier war 1993 eine Ausnahme: Der Wind blies fast zwei Monate lang aus nördlichen Richtungen. Ich wählte die Gegenrichtung, weil das (auch farblich) stille Donegal am Beginn der Reise stehen sollte und durch den Südkurs sich der Wechsel in die »bunteren« Landesteile ergab. Außerdem war mir nicht daran gelegen, die Reise mit Nordirlandeindrücken zu beenden.

Gut gerüstet!

Der *Radtyp* ist für eine Irland-Tour eher Nebensache. Wer glaubt, jeden Berg niedertreten zu müssen, wird es unter 21 Gängen nicht machen. Ich zitiere hier gerne die alte Weisheit: »Jedes Rad ist nur so gut wie sein Fahrer!« Wem Schieben nicht an die Radlerehre geht, für den tut es auch ein normales Tourenrad mit ein paar Gängen.

Wichtiger ist die *Bekleidung:* Erstklassige Regenkleidung ist gefragt. »Flatterhaftes« verbietet sich durch den Wind. Es spricht nichts gegen ein Paar leichte (!) Gummistiefel, wobei der Schaft zur besseren Fußbelüftung gekürzt werden kann. Bei der Fotopirsch im fast immer staunassen Gelände und wenn die Straße mal zum Bach wird, bleiben sie unübertroffen. T-Shirts reichen als Bekleidung nicht aus; ergänzend ist Wollenes gefragt.
Regenschutz fürs Gepäck ist Bedingung. Es müssen aber nicht wasserdichte Exklusivtaschen sein. Eine stabile Plastiktüte als Innenhaut hält den Inhalt jeder normalen Packtasche trocken. Schutz wird auch für die Kameraausrüstung benötigt.
Sonnenbrille oder Radlerbrille kann in den Nachmittagsstunden notwendig werden. Es gibt Gegenden mit Insektenwolken!

Wer *zelten* möchte, was überall im Land möglich ist – vorausgesetzt, die Natur erlaubt es –, sollte bei der Ausrüstung die gleichen Qualitätsmaßstäbe anlegen wie bei der Regenkleidung. Tut man es in der Nähe eines Gehöftes, bitte aus Höflichkeitsgründen die

Erlaubnis dafür einholen. Vielleicht springt dabei sogar ein Gespräch bei einer Tasse Tee heraus. Achtung! 99 Prozent der irischen Hunde/Schäferhunde sind wohl gutmütig, aber das restliche Prozent kann unangenehm überraschen!

Für *Fotofans:* In Irland bietet sich der Pol-Filtereinsatz an (Wolkenbilder). Mit ISO 100 ist man gut gerüstet. Die Lichtverhältnisse erlauben ohne weiteres auch ISO 50; letztere Filmart nutzte ich. Wer auf Agfa steht, wird nur schwer Filme nachkaufen können. Das Angebot beschränkt sich meist auf Fuji und Kodak. Nicht immer hat man Dia-Filme vorrätig. Also von zu Hause mehr Filmmaterial mitnehmen, als man zu brauchen glaubt!

Irland ist ein Land der Motive. Allerdings lohnen kaum großflächige Landschaftsaufnahmen, besonders bei tristen Farben (Moore!). Das Detail zählt! Wird in der Reiseliteratur eine »phantastische Aussicht« gerühmt, so kann man sich den Weg auf einen Berg, auf eine Landzunge (»head«) sparen, wenn nicht optimale Sichtverhältnisse herrschen. Ein Beispiel von vielen: Schade um den Anstieg auf den Mount Errigal, wenn Donegal im Dunst liegt!

Das liebe Geld

Manchmal hat man den Eindruck, daß Reiseführerschreiber gar nicht selbst im Land waren. Einiges über Geldfragen habe ich bereits im Buchtext angesprochen. Hier die Zusammenfassung:

In Nordirland dürften sich die neuen englischen *Geldscheine* inzwischen herumgesprochen haben. Geld aus der Republik Irland ist dort als Zahlungsmittel tabu. Auch die Republik druckt neue Scheine, wobei die alten gültig bleiben. Allerdings sehen diese mitunter recht skurril aus (mehrfach geklebt, es fehlt ein Stückchen etc.). Auch neigen manche Iren dazu, Geldscheine durch die Beschriftung mit ihrem Namen als ihr Eigentum zu kennzeichnen. Viele Besitzerwechsel machen solche Scheine fast zu einem originellen Souvenir. Akzeptiert werden sie trotzdem überall. Zerfällt ein Schein, legt man eben die Teile auf den Tresen.

Entgegen Reiseführeraussagen, daß *alle* irischen Banken *Euroschecks* akzeptieren, tun dies die ACC-Banken nicht! Auch ist nicht jedes *Plastikgeld* überall einsetzbar. Das Schild »Cards accepted« gilt häufig nur für VISA und American Express. Mit EUROCARD steht man dann außen vor.

Die *Banköffnungszeiten* müssen auch nicht mit denen, die allgemein angegeben werden, übereinstimmen. Im ländlichen Bereich – das kann auch noch für Kleinstädte gelten – öffnet die Bank oft nur ein- bis zweimal in der Woche. So mancher Tourist stand schon vor Schildern wie »Öffnungszeit: donnerstags von 9 bis 11 Uhr«. In solchen Fällen hilft vielleicht das nächste Hotel.

Von Pubs, Kreuzen und Kirchen

Ein richtiges *Pub* beginnt mit einer vorgeschalteten »grocery«. Lebensmittelgeschäft und Pub gehen oft ineinander über. Ist es wirklich alt, dann steht man auf Stein, das Inventar ist zusammengewürfelt. Wo es ganz eng wird, ersetzen Bänke die Tische und Stühle. Der obligatorische Fernseher befindet sich dann in einem Nebenzimmer. An der Fassade solcher Pubs findet man meist nur zwei Namen: den des Besitzers und die Reklame für »Guinness«. Poliertes Messing, Strahler und eine einladende Aufmachung fehlen – damit dann auch die Touristen. Solch ein Pub wird man vergeblich in den Städten suchen, es gehört zum »hidden Ireland«. Wer es findet, der behalte es für sich.

Alle suchen auch das »singing pub«. Man sollte hier unterscheiden zwischen Musik nach Plan und Musik nach Laune. Wie beim »B & B«, so ist auch hier Reklame ein Indiz. Schilder wie »Irish music tonight« deuten immer auf Touristisches. Solche Musik muß nicht schlecht sein, sie ist jedoch nicht *das* Erlebnis. Ein Tip: seine Gastgeber oder den Mann auf der Straße fragen.

Wer abends ein Pub betrit, der müßte mit einem Blick in die Runde feststellen können, ob er hier richtig ist. Sieht es nicht nach Musik aus, der Guinness-Nachbar wird es wissen. Immerhin könnte die Antwort lauten: »Du mußt am Sonnabend wiederkommen!«

Nur ungern habe ich den »Scotsman« preisgegeben – ein Zugeständnis an die notwendige Authentizität des Berichtes. Mancher kennt die Geschichte: »Es war einmal ein Pub...!« Dieser Tip wurde gelesen und befolgt. Die neugierigen Touristen wurden immer mehr. Bald waren die Einheimischen in der Minderheit. Man ließ sich am Zapfhahn fotografieren und umarmte im Blitzlicht die Musiker. Nach dem fünften Guinness sang man selber – leider zu laut, leider nicht das, was die Leute durchaus gerne gehört hätten. Die Geschichte endet: »Es *war* einmal ein Pub!« Ich möchte dies als Bitte verstanden wissen.

Eine andere Attraktion Irlands sind seine *Hochkreuze* und *Kirchen.* Reiseführer und Karten sparen hier nicht mit den berühmten Sternchen. Man sollte jedoch bedenken, daß sich alle Ruinen irgendwie gleichen und daß die Gefahr des Sattsehens besteht. Nur der kunstgeschichtlich Interessierte wird sich von Details wie »Vermischung der Baustile«, von »kontinentalen Einflüssen« u. ä. angesprochen fühlen. Am eindrucksvollsten war für mich die Stimmung solcher Anlagen. Bei den Hochkreuzen sollte man allerdings Vergleiche nicht scheuen. Wer die Kreuzstele von Fahan oder ähnliche Frühstufen sah, der wird bei einer Gegenüberstellung – etwa des Muiredagh-Kreuzes – sehr gut nachvollziehen können, wie das eigentliche Hochkreuz, künstlerisch gesehen, langsam aus dem Stein herausgetreten ist.

Das Wichtigste zum Schluß – die Menschen

Noch nie war mir auf einer Reise eine solche Welle von Freundlichkeit begegnet wie in Irland. Wem die Abwehr nicht im Gesicht geschrieben steht, der dürfte keinerlei Schwierigkeiten haben, mit den Menschen ins Gespräch zu kommen. Fast immer geben die Iren den Anstoß dazu. Natürlich gilt: je besser die Sprachkenntnisse, desto breiter die Brücke zu den Menschen. Spüren Iren, daß man etwas über ihr Land weiß, und hält man sich mit Kritik zurück, ist man Hahn im Korb. Das Buch nennt genug Beispiele, wo ich Fragen an fremden Haustüren stellte.

Immer führte es zu einem positiven Erlebnis. Also nicht scheu sein!

Am Ende einer solchen Reise sollten auch Adressen im Tagebuch stehen von Familien, bei denen es einem besonders gut gefallen hat, von Begegnungen, die sich aus der Menge abhoben. Eine spätere Karte von zu Hause, ein Foto, ein paar Briefmarken an die kleine (sammelnde) Tochter ... Es gibt so viele Möglichkeiten, Völkerverständigung zu betreiben. Und – jeder sollte wissen, daß er ein ganzes Land vertritt.

Quellennachweis

Für die Planung dieser Reise und für die Ausarbeitung des Manuskripts wurden verwendet:

Heinrich Böll: Irisches Tagebuch

Christoph und Ruth Merten: Irland, Ein Landschafts- und Erlebnisführer für Individualreisende

APA Guide: Irland

Der Große Polyglott: Irland

S. Tarchetti/G. Veggi/P. Balocco: Reise durch Irland

Volker Bartsch: Irland – Ein Reise-Lesebuch

Hans-Christian Oeser: Irland – Ein politisches Reisebuch

Breandán O hEithir: Führe uns in Versuchung

National Geographic, Ausgabe Juni 1931/April 1971

Cecil Woodham-Smith: The Great Hunger

Peig Sayers: Peig. The Autobiography of Peig Sayers of the Great Blasket Island

Local History Group: Hollywood, A Wicklow Village

Alice Griffin: Memories of the Liffey Valley

Appletree Guide: Pocket Irish Dictionary (Englisch-Gälisch)

Kartenmaterial, siehe unter »Land- und Straßenkarten« (S. 152)

**NATIONAL GEOGRAPHIC TASCHENBÜCHER
VON FREDERKING & THALER**

ABENTEUER IM GEPÄCK

Oss Kröher
Das Morgenland ist weit
Die erste Motorradreise vom Rhein zum Ganges
ISBN 3-89405-165-5

Deutschland, 1951: Zwei junge, wagemutige Männer wollen raus aus dem Nachkriegsmuff. Mit einem Beiwagengespann machen sie sich auf den Weg nach Indien. Ein spritziger Bericht voll mitreißender Aufbruchsfreude.

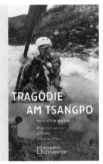

Wickliffe W. Walker
Tragödie am Tsangpo
Wildwasserexpedition auf Tibets verbotenem Fluss
ISBN 3-89405-177-9

Unfassbare 2.700 Höhenmeter stürzt sich der Tsangpo in Tibet durch eine der wildesten Schluchten der Welt. Die Erstbefahrung gelang nur um den Preis eines Toten. Ein ungemein packender Expeditionsbericht.

Christian E. Hannig
Unter den Schwingen des Condor
Rad-Abenteuer zwischen Anden und Pazifik
ISBN 3-89405-133-7

Mit dem Fahrrad ins Abenteuer: Auf seiner Fahrt von Bolivien über die Anden bis nach Lima schließt der Autor Freundschaft mit Indios, gerät in einen Rebellenaufstand und begibt sich auf die geheimnisvollen Spuren der Inka.

So spannend wie die Welt.

**NATIONAL GEOGRAPHIC
FREDERKING & THALER**

REISEN · MENSCHEN · ABENTEUER

**NATIONAL GEOGRAPHIC TASCHENBÜCHER
VON FREDERKING & THALER**

Begegnungen in freier Wildbahn

REISEN · MENSCHEN · ABENTEUER

Jack Becklund
Bärenjahre
Das Erlebnis einer ungewöhnlichen
Freundschaft
ISBN 3-89405-131-0

Das Ehepaar Becklund lebt abgelegen am Elbow Creek in Minnesota. Eines Tages sucht eine junge Bärin ihre Gesellschaft. Schon bald folgen ihr weitere Artgenossen. Die anfängliche Scheu weicht wachsendem Vertrauen.

John Hare
Auf den Spuren der letzten wilden Kamele
Eine Expedition ins verbotene China
Mit einem Vorwort von Jane Goddall
ISBN 3-89405-191-4

Wüstenabenteuer, internationale Diplomatie und eines der seltensten Tiere der Erde – eine spannende Mixtur und ein mitreißender Bericht über die letzten wild lebenden baktrischen Kamele in der mongolischen Wüste, gewürzt mit einer Prise britischem Humor.

Peter Matthiessen
Tiger im Schnee
Ein Plädoyer für den Sibirischen Tiger
ISBN 3-89405-201-5

Werden Tigerspuren im Schnee schon bald der Vergangenheit angehören? Der Autor lässt den Leser teilhaben an einem gefahrvollen und oft vergeblichen Kampf für den vom Aussterben bedrohten Sibirischen Tiger im fernen Osten Russlands.

So spannend wie die Welt.

**NATIONAL GEOGRAPHIC
FREDERKING & THALER**